SIGA-ME

GREG L. HAWKINS & CALLY PARKINSON

PREFÁCIO DE JOHN ORTBERG

POSFÁCIO DE BILL HYBELS

SIGA-ME

O QUE VEM A SEGUIR?

Tradução
MARSON GUEDES

Vida

JOHN ORTBERG

Pastor
Igreja Presbiteriana Menlo Park

PREFÁCIO

É difícil imaginar coisa mais difícil do que medir ou mensurar o crescimento espiritual. Há nisso um mistério. É intangível. É como o vento, que sopra onde bem entende; ouve-se o som, mas não se pode dizer de onde vem ou para onde vai.

Entretanto, só consigo pensar em uma única coisa mais insensata do que tentar mensurar o crescimento espiritual. E esta coisa é não tentar mensurá-lo. Pois aquilo que nos importa é aquilo que procurarmos não perder de vista.

Avaliar quando e como a transformação espiritual acontece pode ser difícil, mas precisamos tentar.

As pessoas na igreja têm tentado medir o crescimento espiritual desde que os ventos sopraram no dia do Pentecoste e alguém contou o número de batismos (3 mil). Em nossos dias, autores como Dallas Willard e Ron Sider têm citado estudos e mais estudos demonstrando que os cristãos — aqueles que frequentam a igreja a acreditam na Bíblia — não demonstram ter comportamento diferente de seus equivalentes seculares. Isto não representa apenas um problema: é tragédia e escândalo. Avaliar quando e como a transformação espiritual acontece pode ser difícil, mas precisamos tentar.

Faço parte de uma igreja que participou de um dos primeiros levantamentos do DESCUBRA. E aprendemos mais com esse levantamento sobre o que estava funcionando — e sobre o que não estava funcionando — do que com qualquer outra coisa que tenhamos tentado.

Também estava no auditório da Willow Creek quando foi apresentada uma panorâmica dos resultados iniciais do DESCUBRA no Leadership Summit de 2007. Era possível ouvir milhares de líderes de igreja reagindo especificamente a esta informação, que para mim era a mais importante e inquietante: à medida que a vida espiritual prossegue, o aumento do envolvimento nas atividades da igreja deixa de predizer o crescimento espiritual. Raras vezes ouvi uma informação que causou tanta surpresa ao ser anunciada. No entanto, intuitivamente a informação fez sentido para todos os líderes de igreja tão logo a poeira baixou.

Leia tudo. Aprenda com ele. Use estas informações em seu ministério.

Mas existem veios de informação mais profundos e ricos a serem explorados. Quais são as atitudes e as convicções espirituais que de fato catalisam o movimento de um estágio para outro? Quais são as práticas que, na opinião das pessoas, são mais proveitosas enquanto estão na jornada em direção a Deus? Como as igrejas encontram as "melhores práticas" quando a questão não é apenas realizar cultos ou levantar fundos, e sim auxiliar para que Cristo seja formado nas pessoas?

Por isso aqui está *Siga-me*, o segundo assalto. Leia tudo. Aprenda com ele. Use estas informações em seu ministério. Leve este livro para um canto reservado. Discuta com ele. Critique-o. Tente encontrar maneiras melhores de medir o crescimento espiritual. Tente descobrir por que, como e se ele pode ser medido.

O DESCUBRA está levando igrejas e líderes de igrejas a arregaçar as mangas e levar em consideração, com seriedade e coragem a quantas anda nossa participação quando chega a hora de transformar pessoas.

Leia este livro e mude.

John Ortberg

A quantas anda nossa participação?

SUMÁRIO

O QUE VEM A SEGUIR?

"Quem quiser me seguir siga-me; e, onde eu estiver, ali também estará esse meu servo". (João 12.26a, *NTLH*)

✦

O refrão divino ouvido por todo aspirante a cristão é captado por duas palavras simples: *siga-me*.

É o objetivo de todo líder de igreja:

Guiar os seguidores pelos passos de Jesus.

Direcioná-los ao crescimento e à transformação, à cura e à inteireza, à intimidade com Deus e com outros.

Ajudá-los a se mover de onde estão para onde querem estar.

Mas como isso acontece?

Que coisas realmente ajudam a conduzir as pessoas na direção de Cristo...?

E quais são as coisas que impedem?

Oitenta mil pessoas em 200 congregações deram suas respostas.

A escalada espiritual pode ser predita?

Catalisada?

Medida?

O que faz uma pessoa deixar de tratar o cristianismo com agressividade e render-se com inteireza a Deus?

Se tivéssemos as respostas, mudaríamos também nossa maneira de conduzir a igreja?

Há um ano o DESCUBRA fez a pergunta: "Onde você está?"

Milhares de pessoas responderam:

Estou...

Conhecendo o cristianismo

Crescendo em Cristo

Perto de Cristo

Centrado em Cristo.

As respostas a essas perguntas suscitaram mais perguntas.

"Tomando por base onde você está", queremos saber, "é aqui que você quer estar? Caso contrário, então para onde Deus o está chamando? O que vem a seguir? Como podemos ajudar?"

Oitenta mil pessoas em 200 congregações deram suas respostas.

Suas percepções essenciais — aquilo que realmente queriam da igreja, os empecilhos que enfrentam, aquilo que os aproxima de Cristo — podem surpreender você.

As notícias boas?

As pessoas querem seguir Cristo.

O desafio?

Temos de mudar nossa maneira de liderar.

Puxe uma cadeira enquanto conversamos...

a respeito da verdade do crescimento espiritual,

e a respeito dos passos seguintes que podemos dar juntos.

GREG L. HAWKINS

SIGA-ME

1

SIGA
O LÍDER

O QUE DE FATO AS PESSOAS QUEREM DA IGREJA E DE SEUS LÍDERES

confiança

QUANDO DIZEMOS "SIGA-ME" a nossos liderados, queremos estar absolutamente certos de que sabemos para onde vamos e qual é o plano para chegar lá. Entretanto, quando se trata de crescimento espiritual, nem sempre fica claro qual é a melhor maneira de fazer isso. E se pudéssemos saber com segurança que os passos solicitados por nós aos liderados de fato os levarão para mais perto de Cristo? Isso mudaria seu jeito de liderar?

1

SIGA O LÍDER

Como sabemos se o caminho que escolhemos fará diferença de fato na vida das pessoas?

Lembro-me de ter dito "sim" para seguir Jesus. Na verdade, para mim foi uma decisão em dois estágios. O primeiro sim foi para receber o perdão que ele concedia aos meus pecados; o segundo sim veio alguns anos depois quando lhe dei autoridade plena sobre minha vida. Ele tinha minha vida para usá-la, da maneira que quisesse. Desde aquele segundo sim, quase trinta anos atrás, continuei tentando, com sua ajuda, dizer sim a ele cada um destes dias. Dizer sim para Jesus e render-me à sua liderança causou mudanças profundas em mim.

"Siga-me", o chamado de Jesus, sem dúvida tem causado um impacto profundo em você também. Em algum momento você recebeu o convite de Cristo, disse sim a ele, e começou a andar por uma nova trajetória com ele. De fato, é provável que seguir Jesus tenha causado um impacto tão forte que você decidiu fazer dessa jornada o ponto focal da obra que realiza neste mundo. E você decidiu ajudar as pessoas a fazer o mesmo.

Como líderes de ministério temos paixão — e com frequência paixão fanática — por ajudar as pessoas a ter intimidade com Jesus Cristo. Somos ávidos por ver homens e mulheres libertos das coisas que pesam sobre eles e por ver a transformação espiritual acontecer. Mas, entre as centenas de coisas que *poderíamos* levá-los a fazer, quais de fato atingem esse objetivo?

Quer servindo por vocação quer como voluntários, raramente é a falta de motivação que nos faz dar passos em falso na busca de catalisar o crescimento espiritual naqueles que lideramos: é saber como de fato *fazer acontecer*. Toda semana ficamos diante de equipes ou congregações e dizemos "Siga-me!" É o que os líderes fazem — nós *lideramos*. Mas como sabemos se o caminho que escolhemos fará diferença de fato na vida das pessoas? Como saber se nossas igrejas estão fazendo a coisa certa?

As pessoas da sua igreja realmente querem ter mais intimidade com Cristo.

Num esforço para descobrir, conduzimos recentemente uma pesquisa inédita na qual ouvimos 80 mil pessoas em mais de 200 igrejas. Descobrimos todo tipo de coisas, mas uma saltou aos meus olhos. Quando perguntamos "Qual é a coisa mais importante que você quer da sua igreja?", uma das principais respostas era "Quero ser incentivado a crescer e a dar mais um passo na minha vida espiritual".

Você captou a ideia?

Elas não disseram que vão à igreja para obter ensinamentos notáveis ou fazer novos amigos. Elas querem ser estimuladas, desafiadas. Querem crescer. Querem dar passos adiante e ver progresso.

As pessoas da sua igreja realmente querem ter mais intimidade com Cristo. E elas estão olhando na sua direção — o líder delas — se perguntando se você pode ajudá-las. Imagine tal coisa! Elas ficam na sua frente, desesperadamente querendo que você diga "Siga-me". Em seguida, emendam uma pergunta simples: "Você pode me ajudar a mudar?"

CONDUZINDO À MUDANÇA

Aprendi bastante a respeito de mudança ao longo da minha carreira. E vez após vez, seja liderando pessoas na minha igreja seja prestando consultoria de administração para ajudar um negócio a atravessar um período de mudança, precisava descobrir a resposta

Greg L. Hawkins | **Quando Jesus disse "Siga-me"**

Siga-me. Sabemos que Jesus disse essas palavras. De fato, ele as disse várias vezes, criando um tema que percorre seu ministério público na Terra.

No começo de seu ministério, enquanto andava ao longo do mar da Galileia, Jesus pronunciou essas palavras para os dois primeiros discípulos que chamou, os irmãos pescadores Pedro e André: "Venham comigo, que eu ensinarei vocês a pescar gente. Então eles largaram logo as redes e foram com Jesus" (Mateus 4.19-20, *NTLH*). É impressionante que, desde o começo de seu ministério na Terra, Jesus definiu-se como líder quando chamou pessoas a segui-lo. A responsabilidade deles era aceitar o convite e, caso aceitassem, ele prometeu que lhes mostraria como pescar gente.

Mais tarde, quando alguns dentre o povo judeu puseram Jesus na situação de fazê-lo dizer se era ou não o Messias prometido pelos profetas, ele respondeu: "As minhas ovelhas ouvem a minha voz; eu as conheço, e elas me seguem. Eu lhes dou a vida eterna, e elas jamais perecerão; ninguém as poderá arrancar da minha mão" (João 10.27-28). Novamente, Jesus parece tratar da responsabilidade que nos acompanha quando o seguimos, lembrando-nos que seus seguidores não podem se limitar a afirmar que creem nele: seus seguidores também precisam andar na obediência que se fundamenta no amor a ele.

Até mesmo próximo do fim de seu ministério terreno, depois de ter entrado em Jerusalém, Jesus disse: "Quem me serve precisa seguir-me; e, onde estou, o meu servo também estará. Aquele que me serve, meu Pai o honrará" (João 12.16).

Carregue sua cruz cada dia e siga-me.

Depois de ter explicado a seus discípulos que sofreria, seria rejeitado e crucificado como Salvador e Messias, Jesus convidou-os a trilhar o mesmo caminho difícil: "Aquele que quiser me seguir, deve pôr de lado seus próprios desejos e carregar sua cruz cada dia, para conservar-se junto de mim! Quem perder sua vida por minha causa, a salvará; mas quem insistir em conservar a sua vida, a perderá" (Lucas 9.23-24, *BV*).

Esse tema continuou mesmo depois da ressurreição, quando Jesus pediu três vezes que Pedro declarasse seu amor por ele. Pedro respondeu: "Senhor, tu sabes todas as coisas e sabes que te amo" (João 21.17). Aparentemente Jesus queria de Pedro mais ação do que palavras; por isso deu a ordem: "Cuide das minhas ovelhas [...] Siga-me!" (João 21.17,19). ✦

a duas perguntas simples: *Onde eles estão hoje?* e *Aonde eles querem chegar?* A diferença entre onde eles estão e aonde querem chegar cria uma lacuna — uma lacuna visionária.

Peter Senge, diretor do Centro de Aprendizagem Organizacional na Escola de Administração Sloan no MIT (Instituto de Tecnologia de Massachussetts), diz que essa lacuna é a distância entre a realidade e a visão. Embora sejam termos diferentes, encaixam-se muito bem nas perguntas onde estamos agora (realidade) e aonde queremos chegar (visão). No livro *A quinta disciplina*, Senge observa que a própria lacuna fornece a energia necessária para nos movermos de onde estamos agora para onde queremos chegar. Ele denomina essa lacuna de "tensão criativa". Gosto da ilustração que Senge usa para descrever a tensão criativa que acompanha a mudança:

> "Imagine um elástico esticado entre sua visão e realidade atual. Quando esticado, o elástico cria tensão, representando a tensão entre a visão e a realidade atual. Qual é a tendência da tensão? Buscar resolução ou relaxamento. Só existem duas maneiras possíveis para a tensão se resolver: empurrar a realidade na direção da visão ou empurrar a visão na direção da realidade. Qual dessas maneiras tomará lugar dependerá de nos apegarmos, ou não, com firmeza à visão".[1]

A lacuna da tensão criativa

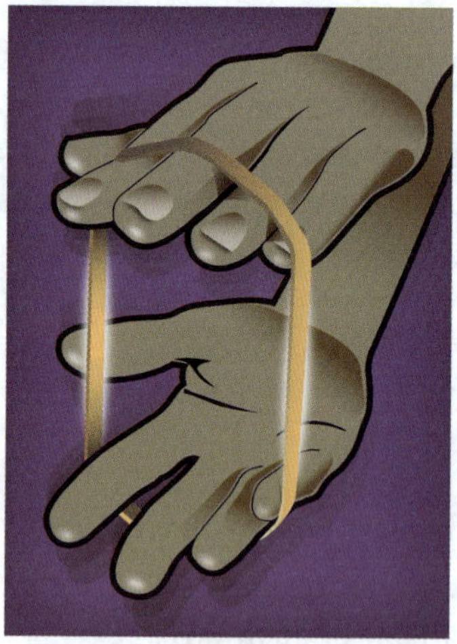

1 Senge, Peter M. **The Fifth Discipline:** The Art and Practice of the Learning Organization. New York: Doubleday, 2006. p. 140 [A quinta disciplina. *Best seller*, 2008].

Em outras palavras, quando você sente a tensão entre o ponto onde você se encontra e o ponto ao qual quer chegar, percebe que a tensão precisa ser aliviada. Você pode diminuir suas aspirações quanto a onde quer estar, ou pode criar planos e estratégias que o deixam mais perto de onde quer estar.

Veja um exemplo prático desse princípio. Como a maioria dos americanos, luto para manter meu peso. Ano passado fui ao médico para meus exames anuais. A caminho da sala de exames, a enfermeira pediu-me que subisse na balança, que marcou 93 quilos. Por falar nisso, por que a balança dos consultórios médicos sempre aumentam nosso peso em mais de dois quilos? Seja como for, quando se trata do meu peso, esta é a resposta para a primeira pergunta: *Onde estou agora?* Estou pesando 93 quilos.

No fim da consulta, o médico disse-me que, para minha altura — e para o bem do meu coração e nível de colesterol —, deveria estar pesando 84 quilos. Essa é a resposta para a segunda pergunta: *Aonde quero chegar?* Deveria estar pesando 84 quilos.

A *lacuna* é simplesmente a diferença entre as duas respostas. No que se refere a meu peso, a lacuna é de nove quilos.

A extensão da lacuna é importante.

É interessante notar que, quando se trata de mudança, a extensão da lacuna é importante. Se a lacuna for muito pequena, talvez não haja muita motivação ou energia para trabalhar e fazer a mudança. Se a lacuna for grande demais, posso relaxar e perder toda esperança de mudar. Voltando para meu peso, se tivesse de perder apenas dois quilos, talvez não desse muita atenção. Por outro lado, se tivesse de perder mais de trinta quilos, talvez desistisse antes mesmo de tentar.

Para que a mudança ocorra, precisamos de uma maneira, um plano factível, para eliminar a lacuna.

Evidentemente, só saber qual é a lacuna não é suficiente, não importa se é muito pequena ou muito grande. Para que a mudança ocorra, precisamos de uma maneira, um plano factível, para eliminar a lacuna. E o plano precisa incluir passos específicos que também levem em conta todas as outras realidades com as quais é preciso lidar. Mais uma vez, voltando ao meu peso, se quiser eliminar a lacuna e perder nove quilos, sei que é irreal pensar que consigo arrancar à força uma hora todos os dias para me exercitar. Tendo família, um trabalho cheio de ocupações e outros compromissos, esse plano não é factível. Por isso, não preciso apenas de passos específicos, preciso de passos específicos que levem em consideração as outras realidades da minha vida. Em vez de me exercitar uma hora todos os dias, meu plano para perder peso pode incluir exercícios de meia hora três vezes por semana, beber mais água, comer frutas — em vez de barras de chocolate — nos intervalos, além de comer mais proteínas magras e vegetais nas refeições.

DISCERNINDO AS LACUNAS NO CRESCIMENTO ESPIRITUAL

O que essa lacuna significa para nós, líderes na igreja? Penso que o significado é: se as pessoas em nossa congregação estão dizendo "Quero ser incentivado a crescer e a dar mais um passo na minha vida espiritual", então precisamos começar discernindo as lacunas em seu crescimento espiritual. Lembre-se que a lacuna é simplesmente a distância entre a situação atual (*Onde estamos agora?*) e a visão para o futuro (*Aonde queremos chegar?*).

Como líderes, precisamos estabelecer a porção correta de tensão a fim de catalisar a mudança.

Tenha em mente que, se a visão não nos levar ousadamente para além de nossa realidade atual, não produzirá muita tensão. Mas, se a visão parecer muito diferente da nossa realidade atual, o elástico se romperá e não sobrará nenhuma tensão porque as pessoas terão perdido a esperança. Como líderes, precisamos estabelecer a porção correta de tensão a fim de catalisar a mudança.

Tendo discernido as lacunas, podemos prover planos com passos específicos para ajudar as pessoas a preencherem as lacunas no seu crescimento espiritual. Evidentemente, a intenção não é criar um plano com 100 passos! Provemos apenas os primeiros 3 ou 4 passos para gerar algum movimento em direção ao preenchimento da lacuna. Provavelmente esses passos não a eliminarão completamente, mas, à medida que as pessoas completam os primeiros passos, indicamos os três ou quatro passos seguintes a serem dados.

AVALIANDO CORRETAMENTE O TAMANHO DA LACUNA ESPIRITUAL

Bem, e se eu realmente levasse a sério a ideia de perder peso e entrar em forma? Quer dizer, suponhamos que eu gostasse tanto dessa nova sensação de saúde que decidisse trabalhar com um *personal trainer* para dar os passos seguintes. Se o preço por hora que ele cobra vale a pena, logo eu vejo a lacuna na minha vida física e crio um plano factível para eliminá-la.

Na igreja, os líderes precisam assumir um papel semelhante. Precisamos virar algo parecido como treinadores ou técnicos espirituais que ajudam as pessoas a processar as duas perguntas que podem ajudá-las a definir suas lacunas: *Onde estou agora?* e *Aonde quero chegar?* Depois disso, podemos ajudá-las a pensar na pergunta *O que vem a seguir?* Vamos examinar mais de perto cada uma dessas perguntas.

Onde estou agora?

Ou, para usar o termo de Peter Senge, qual é minha "realidade" atual? Para responder a essa pergunta em termos de crescimento

Quando o assunto é crescimento espiritual, qual é o objetivo?

espiritual, ajudamos as pessoas a lidar com perguntas mais profundas: A minha vida espiritual é tão rasa quanto parece ser? Quanto de "bom" é bom o suficiente? Como Deus de fato me enxerga?

Aonde quero chegar?

Novamente, para usar o termo de Senge, qual é a "visão" que tenho de onde Deus quer que eu esteja? Para responder a essa pergunta em termos de crescimento espiritual, ajudamos as pessoas a lidar com perguntas como: Quando o assunto é crescimento espiritual, qual é o objetivo? Com que se parece um seguidor de Jesus? Como saber se cheguei lá em termos espirituais? Como minha vida espiritual se vincula ao restante da minha vida?

O que vem a seguir?

A essa altura, precisamos ter em mente o que já descobrimos a respeito da lacuna. Se a lacuna é insignificante, as pessoas não acham que as mudanças valem o esforço. Se a lacuna parece gigantesca, as pessoas acharão que o desafio é esmagador e desistirão antes de tentar. Se a visão que projetamos envolve "47 passos para ficar mais parecido com Jesus", pode parecer um alvo impossível independentemente de apresentarmos muito bem cada passo. O elástico arrebenta, a tensão criativa desaparece, e as pessoas simplesmente perdem toda esperança.

No entanto, quando a lacuna é bem dimensionada, a tensão saudável é mantida e é feito um movimento para eliminá-la. Evidentemente, preencher espiritualmente a lacuna não é o mesmo que perder nove quilos. Não importa quanto queiramos, não podemos criar um plano simplório para nos tornarmos mais parecidos com Cristo nos próximos sessenta dias.

Personalize os passos seguintes

Precisamos ajudar as pessoas a lembrar que, embora todos precisemos ter mais intimidade com Cristo, ele é o único que pode efetuar as mudanças. Nossa tarefa é nos alinhar à vontade e aos propósitos de Deus, e permitir que o Espírito Santo aja.

Nosso desafio

Além disso, nosso desafio como treinadores espirituais é personalizar os passos para as pessoas da nossa congregação — definir os primeiros passos, ou passos seguintes, que alguém precisa tomar, tendo em mente que nem todos precisam tomar os mesmos passos. É preciso um bocado de discernimento para ajudar alguém a descobrir para onde ir em seguida.

É preciso um bocado de discernimento para ajudar alguém a descobrir onde ir em seguida.

O fato de a personalização ser bastante difícil leva nossas igrejas a uma configuração básica, que é criar um monte de ministérios, e dizemos às pessoas que trabalhem em todos eles! Embora a maioria, ou todos esses programas e ministérios, seja sadia e com fundamento bíblico, ainda não fomos de fato bem-sucedidos ao ajudar as pessoas a determinar as lacunas que precisam eliminar como indivíduos. Entretanto, você se lembra do que a pesquisa mais recente está nos dizendo? As pessoas de nossas igrejas estão dizendo: "Quero ser incentivado a crescer e a dar mais um passo na minha vida espiritual". Elas esperam que esse desafio venha de você! O que você fará?

RESOLVENDO A TENSÃO

Em janeiro de 2007, fizemos um levantamento com sete congregações, incluindo a Willow Creek. Ouvimos 5 mil frequentadores. Nosso objetivo era entender na prática como as pessoas crescem espiritualmente. Como resultado dessa pesquisa, identificamos uma maneira de sondar as atitudes, as motivações e o comportamento das pessoas, e como inseri-las em um dos quatro segmentos de acordo com a importância ou centralidade de Cristo na vida delas (gráfico 1-2).

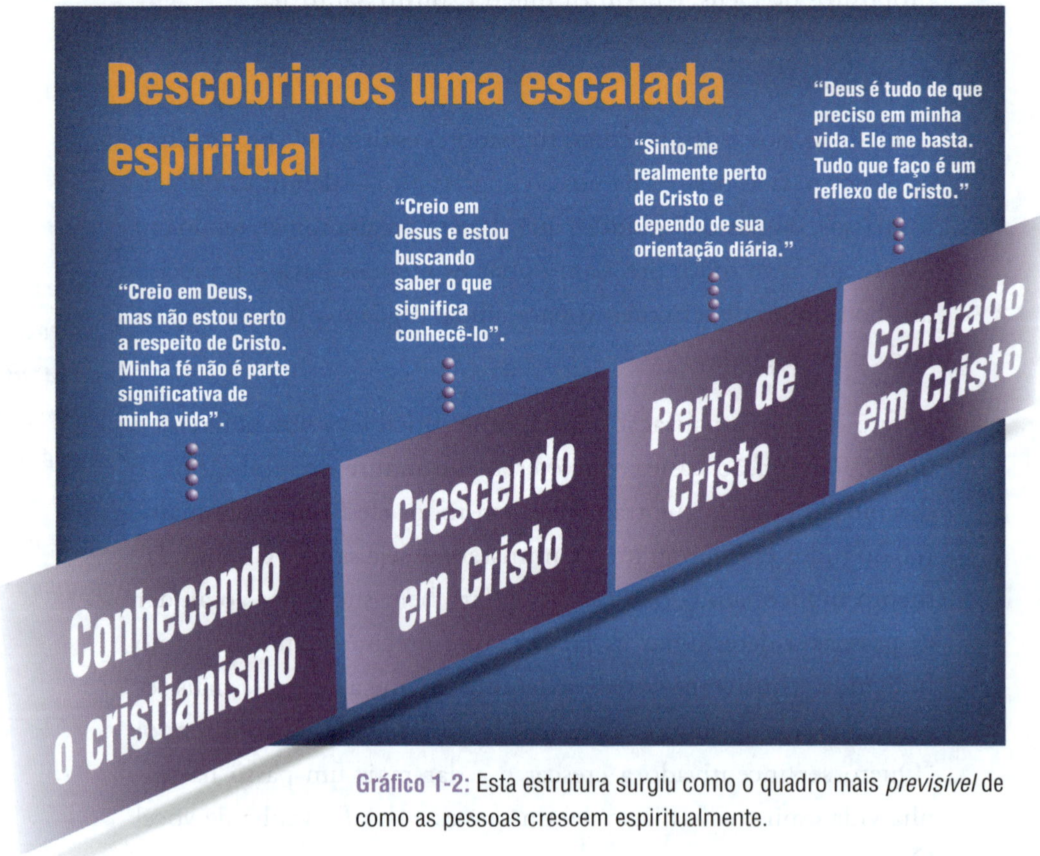

Gráfico 1-2: Esta estrutura surgiu como o quadro mais *previsível* de como as pessoas crescem espiritualmente.

Publicamos estes dados em *Descubra*. Segue uma descrição breve dos quatro segmentos:

Conhecendo o cristianismo

As pessoas neste grupo possuem uma fé básica em Deus, mas não estão seguras em relação a Cristo e o papel que ele desempenha em sua vida.

Crescendo em Cristo

As pessoas neste grupo têm um relacionamento pessoal com Cristo. Elas fizeram um compromisso de confiar-lhe a salvação e a eternidade, mas estão bem no começo do aprendizado sobre o que significa ter um relacionamento com ele.

Perto de Cristo

As pessoas deste grupo dependem de Cristo para a vida diária. Elas enxergam Cristo como alguém que as auxilia na vida. Voltam-se para Cristo buscando ajuda e orientação nas questões que enfrentam e o fazem diariamente.

Centrado em Cristo

As pessoas deste grupo identificam seu relacionamento com Cristo como o relacionamento mais importante de toda a vida. Consideram que sua vida está plenamente entregue a Jesus e às suas prioridades, subordinando tudo à vontade e aos desejos dele.

Queremos entender como pessoas de verdade se veem na vida real para eliminar as lacunas de sua vida.

Os quatro segmentos

A identificação desses segmentos deu a pastores e líderes na igreja um bom quadro de referência para definir onde as pessoas estão. Mas saber onde elas estão é insuficiente. Nosso objetivo último é compreender como as pessoas de fato crescem para se tornar mais parecidas com Jesus. Ou, usando a analogia da lacuna, queremos entender como pessoas de verdade se veem na vida real para eliminar as lacunas de sua vida.

Então, em novembro e dezembro de 2007, fizemos mais um levantamento com 200 congregações. Igrejas grandes, igrejas pequenas. Denominacionais, independentes. Norte, Leste, Sul, Oeste. Ouvimos 80 mil frequentadores que responderam às perguntas que constavam em nossa nova ferramenta de pesquisa. E as boas notícias foram que obtivemos uma compreensão mais profunda de como realmente podemos ajudar as pessoas a passar de um segmento para o segmento seguinte.

NA DIREÇÃO DE QUE NOSSA ALMA SE MOVE

Saibamos disso ou não, o que queremos é nos mover na direção de Deus.

Recentemente deparei com um poema de Mary Oliver, intitulado "Gravel" [Pedregulho]. Nesse poema, ela descreve como a natureza da pedra é estar "satisfeita". Por outro lado, escreve, a água anseia passar por "algum outro lugar".

É bem verdade. As pedras só ficam ali, elas não se movem. Nem sequer desejam o movimento. Por natureza, elas são simplesmente estáticas. No entanto, a água é muito diferente. Sempre busca o movimento. Não pode aquietar-se, e muda de direção o tempo todo.

Nós, humanos, somos como a água

De fato, aproximadamente 60% de nosso corpo é composto de água. E como a água, buscamos constantemente por alguma outra coisa —

algum outro lugar na direção do qual nossa alma se move. Queremos ter intimidade profunda — queremos reconectar-nos a Deus como era bem no princípio, como deve ser.

Como pastores e líderes, nossa tarefa não é simplesmente ajudar pessoas em alguma busca ávida e aleatória por uma vida melhor. Antes, é realmente guiar as pessoas a uma vida em profunda comunhão com Deus por intermédio de Jesus Cristo — uma vida cheia de propósito e significado, uma vida não voltada a si mesma, uma vida rendida a Cristo e comprometida em servir outras pessoas.

As pessoas querem seguir você porque acreditam que você irá ajudá-las a crescer na intimidade com Cristo.

Dizendo ou não as palavras "Siga-me", esse é o convite que você faz sendo líder em sua igreja ou área de ministério. E as pessoas querem seguir você porque acreditam que você ajudá-las a crescer na intimidade com Cristo. Elas acreditam que você irá ajudá-las a superar o desafio de dar mais passos na vida espiritual. E a boa notícia é que você pode! Você pode ajudar pessoas a compreender onde estão e aonde chegar — onde Deus quer que elas estejam. Você pode indicar os passos seguintes para treinar as pessoas na sua igreja e ajudá-las a prosseguir. É disso que este livro trata. Nossa esperança é que você descubra como você e sua congregação podem ir na direção de uma intimidade maior com Cristo.

CALLY PARKINSON

SIGA-ME

2

OS CATALISADORES DA ESCALADA ESPIRITUAL

CONVICÇÕES E ATIVIDADES ESSENCIAIS QUE ESTIMULAM O CRESCIMENTO ESPIRITUAL

Catalisadores

COMO A ESCALADA ESPIRITUAL ACONTECE? Como ajudamos as pessoas a ir na direção de um relacionamento mais íntimo e comprometido com Cristo? Examinamos quatro categorias poderosas de catalisadores espirituais que estimulam o crescimento ao longo de uma escalada espiritual.

2

OS CATALISADORES DA ESCALADA ESPIRITUAL

Pense na sua última viagem de avião. Se você sentou perto da janela, é provável que tenha observado uma paisagem da cidade entrar em seu campo de visão à medida que o avião descia. Viu estradas e edifícios mudando de uma mistura indistinta de formas e luzes transformar-se em um conjunto de pontos de referência e estruturas. Quanto mais o avião aproxima-se do pouso, mais você consegue ver os detalhes das coisas lá embaixo — o movimento dos veículos e de pessoas tocando a vida.

Identificamos uma escalada espiritual de quatro segmentos definidos por atitudes, motivações e comportamentos.

Tivemos uma experiência semelhante — ir de uma visão à distância para uma mais detalhada — durante o curso de nossa pesquisa sobre aquilo que impulsiona o crescimento espiritual. As primeiras descobertas pintaram o quadro de uma paisagem espiritual em pinceladas amplas. Identificamos uma escalada espiritual de quatro segmentos definidos por atitudes, motivações e comportamentos que caracterizaram diferentes estágios do crescimento espiritual (gráfico 2-1).

Discutimos em termos gerais o papel significativo que a igreja desempenha nos primeiros estágios do crescimento espiritual e a influência poderosa de práticas espirituais pessoais em todos os segmentos da escalada.

O quadro inicial estava claro, mas bastante limitado. Os primeiros dados, publicados no *Descubra* (Vida, 2008), estavam fundamentados em aproximadamente 5 mil entrevistas conduzidas em apenas sete igrejas. Embora tenhamos escolhido as igrejas intencionalmente — por diversidade de tamanho, geografia e formato —, o âmbito dos dados ainda estava limitado a uma fatia estreita de igrejas.

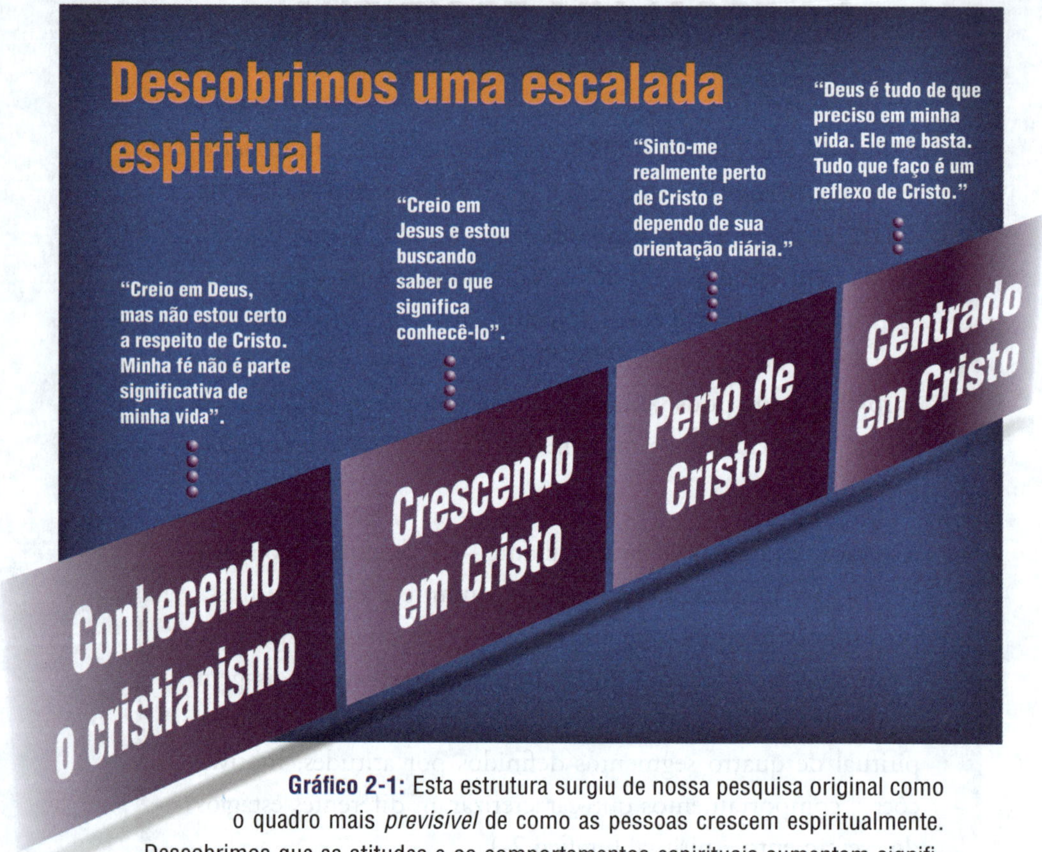

Gráfico 2-1: Esta estrutura surgiu de nossa pesquisa original como o quadro mais *previsível* de como as pessoas crescem espiritualmente. Descobrimos que as atitudes e os comportamentos espirituais aumentam significativamente de frequência e intensidade à medida que as pessoas passam de um segmento a outro na escalada.

Hoje aquelas limitações são uma memória distante. Nossos dados mais atuais fundamentam-se em um banco de dados de aproximadamente 80 mil levantamentos com frequentadores em mais de 200 igrejas. Essas igrejas representam uma ampla variedade de tamanhos,

banco de dados expandido

geografias, estilos, etnias, e denominações (veja apêndice 3, "Quem são as 200 igrejas do levantamento?"). A dimensão desse banco de dados ampliado dá uma visão bem mais nítida das dinâmicas do desenvolvimento espiritual e também uma visão melhor daquilo que impulsiona — ou tira dos trilhos — o crescimento espiritual.

O foco deste livro é o movimento espiritual: especificamente, o que leva uma pessoa de um segmento da escalada espiritual para o segmento seguinte. Assim como a visão que se tem da janela de um avião na aterrissagem, agora temos condições de olhar além dos dados panorâmicos e concentrarmo-nos naquilo que acontece nos espaços entre os segmentos da escalada espiritual. O que vemos é que a maioria das pessoas não está parada. Embora haja os estagnados, incapazes de progredir na jornada espiritual, a maioria das pessoas está andando — muitas das vezes em ritmo acelerado — na direção de um relacionamento mais íntimo com Cristo.

O foco deste livro é o movimento espiritual: especificamente, o que leva uma pessoa de um segmento da escalada espiritual para o segmento seguinte.

QUATRO CATEGORIAS DE CATALISADORES ESPIRITUAIS

No levantamento do DESCUBRA, medimos mais de 50 fatores para avaliar seu impacto sobre o crescimento espiritual. Esses fatores incluíam atividades pessoais, como orações diárias; atividades eclesiásticas organizadas, como cultos de adoração aos fins de semana; convicções essenciais de importância vital para a fé cristã, como crer na Trindade.[1] Agrupamos esses 50 fatores em 4 categorias de catalisadores espirituais:

1 "A Trindade" é a expressão para se referir à pessoa que concorda com a seguinte afirmação: "Creio que o Deus da Bíblia é o único Deus verdadeiro — Pai, Filho e Espírito Santo".

Catalisador 1

Convicções e atitudes espirituais: Convicções cristãs vitais, como crer na salvação pela graça ou na autoridade da Bíblia.

Catalisador 2

Atividades eclesiásticas organizadas: As atividades mais corriqueiras organizadas pela igreja, como cultos no fim de semana, pequenos grupos, classes de adultos sobre temas espirituais, ou servir num ministério na igreja.

Catalisador 3

Práticas espirituais pessoais: Disciplinas pessoais que desenvolvem a fé, como oração, reflexão nas Escrituras ou a prática da solitude.

Catalisador 4

Atividades espirituais com outras pessoas: Atividades que normalmente ocorrem fora da igreja organizada, como amizades espirituais, evangelismo ou servir aos necessitados.

Catalisador é algo que faz a mudança acontecer.

Catalisador é algo que faz a mudança acontecer. Nossa análise destaca os fatores catalisadores que mais influenciam o movimento de um segmento para o segmento seguinte na escalada espiritual. Em outras palavras, dos 50 fatores do levantamento DESCUBRA, queremos identificar quais parecem ser os mais predominantes e significativos enquanto as pessoas se movem ao longo da escalada espiritual. O foco da discussão que fazemos sobre esses catalisadores espirituais está nos três "movimentos" — os espaços dinâmicos entre os segmentos da escalada espiritual (gráfico 2-2).

Segue um panorama de como esses 3 movimentos se relacionam com os 4 segmentos da escalada espiritual.

Movimento 1: o estágio mais básico do crescimento espiritual

Neste movimento, as pessoas adquirem uma compreensão inicial da fé cristã e aceitam que Jesus Cristo é o único caminho para a salvação.

Movimento 2: o estágio intermediário do crescimento espiritual

Neste movimento, as pessoas tornam-se mais ativas nas experiências espirituais pessoais à medida que progridem do segmento Conhecendo o cristianismo para um relacionamento mais próximo no segmento Perto de Cristo.

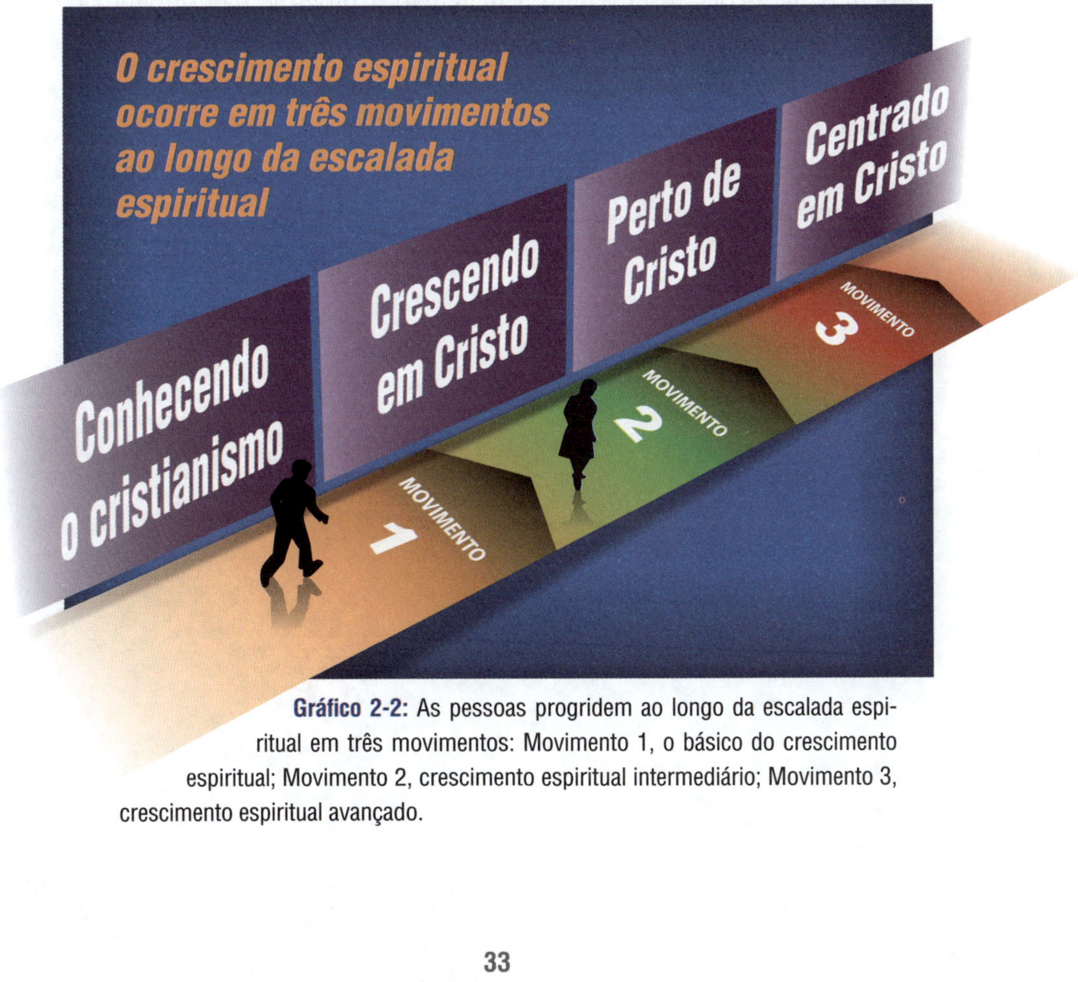

Gráfico 2-2: As pessoas progridem ao longo da escalada espiritual em três movimentos: Movimento 1, o básico do crescimento espiritual; Movimento 2, crescimento espiritual intermediário; Movimento 3, crescimento espiritual avançado.

Movimento 3: o estágio mais avançado do crescimento espiritual

Neste movimento, o cristão deixa a consciência diária da presença e do envolvimento com Cristo (um relacionamento Perto de Cristo) e parte para a redefinição de sua identidade com base no relacionamento que tem com Cristo (um relacionamento Centrado em Cristo).

Talvez ajude pensar nos 3 movimentos como estágios de um aprendizado. Por exemplo, o Movimento 1, o estágio mais básico do aprendizado, seria como o ensino fundamental; o Movimento 2, seria o ensino médio; e o Movimento 3 seria o ensino superior. As 4 categorias de catalisadores espirituais são semelhantes às matérias que aprendemos na escola, assim como a matemática progride da aritmética simples no ensino fundamental para a álgebra no ensino médio, até chegar ao cálculo na faculdade. A matéria Matemática é constante ao longo da experiência de aprendizado, mas o tipo de matemática que os alunos aprendem assume formas diferentes dependendo de onde se encontram na escalada de aprendizado.

três movimentos

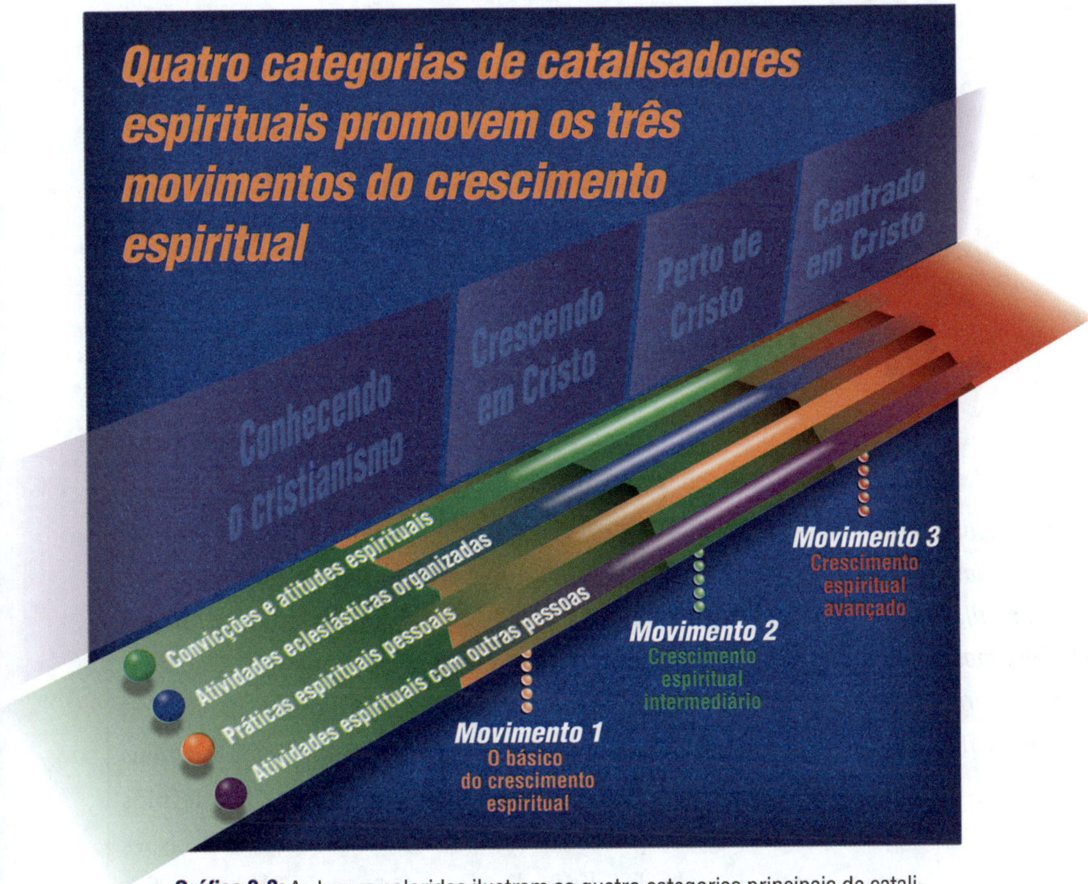

Gráfico 2-3: As barras coloridas ilustram as quatro categorias principais de catalisadores espirituais que influenciam o crescimento ao longo dos três movimentos

Assim como um currículo progressivo cria uma trajetória de aprendizado que vai dos trabalhos mais básicos até os mais complexos, os três movimentos espirituais também progridem das experiências espirituais mais básicas para as mais complexas. Cada movimento depende das bases espirituais lançadas no movimento anterior, assim como as matérias do ensino médio se constroem sobre os fundamentos aprendidos no ensino fundamental.

Nas páginas seguintes avaliamos 4 categorias de catalisadores espirituais (gráfico 2-3), e assim poderemos compreender melhor quais são mais importantes nos diferentes momentos da jornada espiritual.

Começamos com as convicções e atitudes espirituais, já que descobrimos que uma base sólida nas convicções centrais do cristianismo é essencial para os três movimentos na escalada espiritual.

1. Convicções e atitudes espirituais

Convicções e atitudes refletem aquilo que aceitamos ser verdadeiro ou real.

Convicções e atitudes refletem aquilo que aceitamos ser verdadeiro ou real. As convicções podem ser diretas, como as baseadas exclusivamente em fatos científicos: por exemplo, acreditamos que o mundo é redondo mesmo não podendo verificar o fato pessoalmente. As convicções espirituais cristãs são diferentes. Referem-se menos a acreditar em dados irrefutáveis e mais a aceitar que um relacionamento com Jesus Cristo é possível e desejável. Em outras palavras, o núcleo primordial das convicções espirituais é confiar cada vez mais nossa vida a um relacionamento constante com Cristo. Em termos humanos, essas convicções têm certa semelhança com as decisões que tomamos quando decidimos baixar ou não a guarda ao confiar nosso coração a outra pessoa.

Medimos as convicções e atitudes espirituais pedindo que as pessoas expressassem sua concordância com valores espirituais vitais (gráfico 2-4). Nesse quadro, as afirmações listadas abaixo de cada movimento indicam que uma concordância enfática com aquela convicção serve de catalisador para o crescimento naquele movimento. Por exemplo, ter convicção sobre a salvação pela graça é um catalisador fundamental que leva as pessoas do segmento Conhecendo o cristianismo para o segmento Crescendo em Cristo.

Gráfico 2-4: As convicções e atitudes espirituais que mais influenciam o crescimento espiritual estão listadas abaixo de cada movimento e em ordem de importância.

Para explicar melhor como as convicções e atitudes espirituais funcionam como catalisadores, é útil considerar três perguntas.

Ter a convicção na salvação pela graça é um fator catalisador que influencia o movimento de pessoas que vão do primeiro para o segundo segmento (Movimento 1).

Convicções e atitudes espirituais são catalisadores: o que isso significa? Anteriormente, descrevi um catalisador como algo que faz a mudança acontecer. Na categoria das convicções espirituais, isso significa um aumento de ênfase na concordância de uma pessoa com uma afirmação de convicção — por exemplo, crer na salvação pela graça ("concordo totalmente" ou "concordo enfaticamente que nada do que faço ou tenha feito pode assegurar minha salvação") — é um forte indicativo do Movimento 1, o primeiro movimento, que conduz do básico Conhecendo o cristianismo para o Crescendo em Cristo. Se compararmos as pessoas que estão no segundo segmento (Crescendo em Cristo) com aquelas que estão no primeiro (Conhecendo o cristianismo), veremos que o número de pessoas que professam acreditar na salvação pela graça — ou seja, que "concordam enfaticamente" com essa afirmação — é consistentemente maior no segundo segmento: isso significa que é "indicativo". Dessa forma identificamos a salvação pela graça como um fator catalisador que influencia o movimento das pessoas que vão do primeiro para o segundo segmento (Movimento 1).

De onde surgiram essas declarações? As oito declarações de convicção e atitudes no gráfico 2-4 baseiam-se em temas bíblicos importantes e recorrentes. Embora houvesse outras, essas oito declarações emergiram consistentemente na pesquisa contínua sobre a cultura espiritual norte-americana como as declarações que melhor descrevem e definem a condição espiritual de uma pessoa (veja "Quais são as declarações de convicção e atitudes espirituais e de onde sugiram?", neste capítulo, p. 41).

A ordem das declarações é importante? Sim, as declarações seguem uma hierarquia de cima para baixo, na ordem de sua capacidade de influenciar o movimento. Na categoria de convicções e atitudes espirituais, crer na salvação pela graça é o catalisador de maior destaque no Movimento 1. Crer na autoridade da Bíblia também é um catalisador importante nesse movimento, mas não é tão importante quanto as 4 declarações que a precedem.

O gráfico 2-4 proporciona muitas percepções sobre as convicções e atitudes que precisam marcar forte presença no coração de uma pessoa para que ela se mova de uma abordagem indagatória ou exploradora para a fé, para envolver-se plenamente como um comprometido seguidor de Cristo. Seguem dois pontos destacados em nossa análise dessa categoria muito importante.

O "desejo que Jesus tenha o primeiro lugar na minha vida" é um catalisador significativo ao longo dos três movimentos.

As declarações que aparecem nos primeiros lugares nos contam uma história poderosa. No caminho para se tornar uma pessoa centrada em Cristo, a pessoa precisa primeiro estar convicta das verdades fundamentais da salvação pela graça e da Trindade (Movimento 1). Depois disso, assumem para si a convicção sobre um Deus pessoal — um Deus que "tem um envolvimento pessoal e ativo na minha vida" (Movimento 2). Essa convicção na onipresença de Deus muda de "desejo intenso de que Jesus tenha o primeiro lugar na minha vida" para uma disposição humilde e sincera de "por Jesus Cristo estou disposto a arriscar tudo que é importante na vida" (Movimento 3). Essa progressão é uma bela descrição da transformação espiritual, com base empírica nas milhares de respostas originadas no coração do povo de Deus.

Duas convicções catalisam o crescimento ao longo dos três movimentos. O "desejo que Jesus tenha o primeiro lugar na minha vida" é um catalisador significativo ao longo dos três movimentos, e isso significa que esse desejo cada vez mais cria raízes no coração do cristão que está se desenvolvendo. O segundo catalisador importante que aparece consistentemente ao longo dos três movimentos é a convicção crescente na autoridade da Bíblia.

Sabemos que as convicções espirituais são catalisadoras do crescimento, mas isso suscita duas perguntas: de onde surgem as convicções espirituais, e como são formadas e reforçadas? Além da influência das tradições familiares, é justo supor que a igreja desempenha papel central por dois aspectos: fornecer um modelo para imitarmos os primeiros movimentos da fé, e apresentar as convicções fundamentais da Trindade e da salvação pela graça. Se a igreja é tão vital por estimular e reforçar o crescimento espiritual, então quais atividades eclesiásticas organizadas são mais instrumentais? Este é o foco da categoria seguinte: atividades eclesiásticas organizadas.

Cally Parkinson

Quais são as declarações de convicção e atitude espirituais e de onde surgem?

O PROPÓSITO DE NOSSA PESQUISA é revelar percepções novas a respeito do que estimula o crescimento espiritual e do que atravanca o caminho. Nossa definição operacional de crescimento espiritual está fundamentada no ensino de Cristo sobre o grande mandamento — amar a Deus e amar ao próximo (Mateus 22.36-40). A fim de avaliar onde as pessoas estão em termos espirituais, usamos declarações a respeito de convicções e atitudes espirituais e pedimos que elas descrevessem com que ênfase concordavam com elas.

As declarações que usamos...

Foram estas as afirmações:

- **Salvação pela graça:** "Creio que nada do que faço ou tenha feito pode assegurar minha salvação" (Efésios 2.8-9).
- **A Trindade:** "Creio que o Deus da Bíblia é o único Deus verdadeiro — Pai, Filho e Espírito Santo" (2Coríntios 13.14).
- **Deus pessoal:** "Creio que Deus tem um envolvimento pessoal e ativo na minha vida" (Mateus 6.33).
- **Autoridade da Bíblia:** "Creio que a autoridade da Bíblia é definitiva sobre o que digo e faço" (2Timóteo 3.16-17).
- **Identidade em Cristo:** "Existo para conhecer, amar e servir a Deus" (João 1.12-13).
- **Mordomia:** "Creio que o cristão deve viver uma vida sacrificial que não persegue as coisas materiais" (1Timóteo 6.17-19).
- **Entregando minha vida:** "Por Jesus Cristo estou disposto a arriscar tudo que é importante na minha vida" (Romanos 12.1-2).
- **Entregando minha fé:** "Oro para que não cristãos aceitem Jesus Cristo como Senhor e Salvador" (Efésios 6.19-20).
- **Entregando meu tempo:** "Separo tempo para servir e ajudar outras pessoas em minha comunidade" (Colossenses 3.17)
- **Entregando meu dinheiro:** "Minha prioridade é dar apoio à obra de Deus" (2Coríntios 8.7).

Estas declarações estão baseadas nas Escrituras e foram tiradas do Christian Life Profile Assessment Tool [Instrumento de avaliação do perfil da vida cristã], criado por Randy Frazee, pastor titular na Oak Hills Community Church em San Antonio, Texas. Dezenas de líderes eclesiásticos, teólogos e outros se envolveram em um processo rigoroso de levantamento bíblico para descobrir quais as características centrais e constantes de um cristão. Depois disso, as declarações foram testadas e refinadas em diversos fóruns, incluindo The Spiritual State of the Union,[2] uma referência contínua do "pulso espiritual" nos Estados Unidos, patrocinada pela Universidade da Pensilvânia e pela Organização Gallup. Entre os especialistas que contribuíram com esse amplo esforço estão Dallas Willard, J. I. Packer e Larry Crabb. O fato de esta abordagem ser completa, além do calibre das pessoas envolvidas no processo, levou-nos a adotar em nossa pesquisa essas afirmações.

As declarações foram testadas e refinadas em diversos fóruns

2 *The State of the Union* é um discurso anual pronunciado pelo presidente dos Estados Unidos com um resumo da situação do país. *The Spiritual State of the Union* seria um discurso que resume a condição espiritual do país. [N. do T.]

2. Atividades eclesiáticas organizadas

A igreja é a influência organizada mais importante para o crescimento espiritual; por isso, as atividades da igreja naturalmente figuram como importantes fatores catalisadores. A pesquisa mais recente que conduzimos, com mais de 200 igrejas, chegou à mesma conclusão a respeito do papel da igreja que a conclusão obtida com a pesquisa conduzida com apenas um punhado de igrejas: *o poder catalisador da igreja está limitado principalmente aos dois primeiros movimentos do crescimento espiritual.* Além disso, a atividade que consome a maior parte dos recursos da igreja — os cultos nos fins de semana — aparece como catalisador significativo apenas no Movimento 1. É importante salientar que esse dado provém de um banco de dados com uma grande porcentagem de igrejas (40%) que não se consideram igrejas voltadas para o não cristão.

O poder catalisador da igreja está limitado principalmente aos dois primeiros movimentos do crescimento espiritual.

O gráfico 2-5 salienta os dados mais recentes, mostrando que as atividades eclesiásticas tradicionais exercem mais influência nos dois primeiros movimentos do crescimento espiritual, com impacto limitado no terceiro movimento, o mais avançado.

Vamos destrinchar esse gráfico fazendo três observações a respeito do papel catalisador das atividades da igreja ao longo da escalada espiritual.

Gráfico 2-5: As atividades da igreja que mais influenciam o crescimento espiritual estão listadas abaixo de cada movimento em ordem de importância.

NO MERCADO, "encontrar o nicho" é algo semelhante a encontrar o santo graal. Trata-se de descobrir antes dos concorrentes as necessidades ainda não satisfeitas dos clientes. Se alguém conseguir criar um produto ou serviço que satisfaça essas necessidades antes de todos, consegue tomar o mercado. Existe um "nicho" para o papel da igreja no crescimento espiritual? Por exemplo: existe alguma necessidade não satisfeita que, se atendida, poderia alavancar as pessoas na jornada espiritual?

O que as pessoas dizem precisar da igreja

O que as pessoas dizem precisar	Importância[1]	Satisfação[2]	A LACUNA[3]
Ajude-me a entender a Bíblia com profundidade	87%	62%	25%
Ajude-me a desenvolver um relacionamento pessoal com Cristo	86%	65%	21%
Providencie programas substanciosos para crianças	85%	71%	14%
Incentive-me a crescer e a dar outros passos	83%	64%	19%
Providencie cultos de adoração contundentes	80%	72%	8%
Ajude-me em tempos de carência emocional	75%	47%	28%
Ajude-me a sentir que faço parte da igreja	73%	53%	20%
Providencie oportunidades para servir aos necessitados	68%	64%	4%
Providencie oportunidades para servir no ministério	67%	69%	-2%
Ajude-me a desenvolver relacionamentos que incentivem a transparência	67%	39%	28%
Ajude-me a encontrar um mentor espiritual	50%	28%	22%

[1] Porcentagem dos que disseram ser a afirmação "crucial" ou "muito importante" [2] Porcentagem dos que disseram estar "extremamente" ou "muito satisfeitos" [3] Importância menos satisfação

Gráfico 2-6: As 80 mil pessoas pesquisadas avaliaram onze atributos em relação à importância para o crescimento espiritual. Também avaliaram a eficácia da igreja em atender suas expectativas. A satisfação foi subtraída da importância para determinar as maiores lacunas, indicando áreas de oportunidade para a estratégia da igreja.

Analisamos toda a pesquisa para ver se havia evidências de pessoas expressando necessidades não satisfeitas relacionadas à igreja. Isso significaria que elas estariam vivenciando uma lacuna entre aquilo que gostariam que a igreja providenciasse para ajudá-las a crescer espiritualmente e aquilo que de fato recebem.

O gráfico 2-6 mostra como as pessoas responderam quando perguntamos o que elas mais queriam da igreja, listando onze necessidades por ordem de importância e comparando a satisfação das pessoas com a maneira de a igreja satisfazer essas necessidade em uma análise de lacunas.

Três oportunidades de encontrar o nicho

Tivemos três discernimentos importantes e descobrimos três nichos, três oportunidades, para a igreja.

1. As cinco necessidades mais importantes são as mesmas para todos os movimentos espirituais. Quer estejam no estágio inicial, quer intermediário ou mais avançado, as cinco necessidades mais importantes que as pessoas relatam em referência à igreja são as mesmas. Essas cinco necessidades mais importantes também apresentam índices mais altos do que outras necessidades, e isso em todos os movimentos. Embora a ordem de importância possa apresentar ligeiras variações em cada movimento, "ajude-me a entender a Bíblia com profundidade" consistentemente fica no topo da lista.

2. As três primeiras lacunas são as mesmas para todos os três movimentos. Os números assinalados com um círculo indicam as maiores lacunas entre a importância da necessidade e sua satisfação. Esse pode ser o nicho no crescimento espiritual. As maiores lacunas se manifestam em "ajude-me a entender a Bíblia com profundidade", "ajude-me em tempos de carência emocional", e "ajude-me a desenvolver relacionamentos que incentivem a transparência". É importante notar que essas lacunas existem em todos os três movimentos. Isso faz sentido, já que uma necessidade não satisfeita logo no início da jornada espiritual provavelmente persistirá de um estágio para o outro.

3. Uma das maiores lacunas está no topo da classificação de importância. É importante que "ajude-me a entender a Bíblia com profundidade" apareça como uma das maiores lacunas entre importância da necessidade e satisfação. É a necessidade mais importante para o crescimento espiritual que as pessoas expressam em uníssono. De certo modo, isso é um bom sinal. Se a igreja conseguir descobrir maneiras novas e inovadoras de preencher essa lacuna da maior importância, nossa pesquisa indica grandes ganhos para o Reino como consequência.

Descobrindo necessidades não atendidas

Os cinco primeiros fatores em todos os movimentos incluem a palavra servir.

Os cultos nos fins de semana parecem ser catalisadores do crescimento espiritual apenas no Movimento 1. Isso é bastante enganoso, pois implica que a frequência nos fins de semana e a satisfação declinam depois do Movimento 1, e não é o caso. As pessoas são assíduas aos cultos em todos os três movimentos, e a satisfação com o papel dos cultos nos fins de semana no crescimento espiritual também é alto, de maneira geral. Entretanto, o maior aumento na participação ocorre no primeiro movimento do crescimento espiritual e depois se estabiliza. A satisfação também atinge um platô depois do Movimento 1. O que isso significa?

Significa que, embora os cultos nos fins de semana sejam a principal fonte de "combustível" espiritual, especialmente no começo da jornada, outras atividades eclesiásticas se tornam postos de combustível cada vez mais importantes à medida que se dá o desenvolvimento espiritual. Experiências de serviço e classes para adultos sobre temas espirituais são exemplos de atividades que colaboram para o desenvolvimento espiritual em níveis mais elevados, enquanto o poder dos cultos nos fins de semana reside primordialmente nos primeiros passos da jornada.

Nossa intenção não é diminuir a importância dos cultos nos fins de semana. De fato, como observamos no capítulo 4, os cultos têm importância imensa para atingir níveis elevados de satisfação com o papel da igreja no crescimento espiritual. Entretanto, quando se trata de medir os catalisadores mais importantes para o crescimento espiritual (*não* a satisfação com a igreja), há diversos outros fatores — como convicções e atitudes espirituais, práticas espirituais pessoais e atividades espirituais acontecendo em boa parte fora da igreja — que têm contribuição incisiva. Embora os cultos nos fins de semana tenham vital importância, há diversos outros catalisadores igualmente indispensáveis para a mudança espiritual do coração.

Servir é a experiência mais catalisadora oferecida pela igreja. Os cinco primeiros fatores em todos os movimentos incluem a palavra *servir*. Isso mostra grande consistência com nossa trajetória de crescimento espiritual, definida por um relacionamento cada vez mais íntimo com Jesus Cristo. Servir como seus pés e mãos, seja num ministério da igreja ou servindo aos necessitados, parece reforçar o crescimento do relacionamento. É interessante notar que aparentemente as experiências de serviço são mais importantes para o desenvolvimento espiritual do que pequenos grupos, embora pequenos grupos figurem como catalisadores nos dois primeiros movimentos. Mas são as experiências de serviço que demonstram níveis crescentes de influência espiritual. É digno de nota que servir aos necessitados (*versus* servir num ministério da igreja) fica no topo da lista de catalisadores para os Movimentos 2 e 3.

Outras atividades eclesiásticas servem a propósitos distintos. "Classes para adultos sobre temas espirituais" saltou aos olhos como um catalisador importante no Movimento 2. "Outros cultos de ensino ou adoração", que tipicamente são os cultos no meio da semana, também apareceram como atividades eclesiásticas catalisadoras no Movimento 3. Em aproximadamente metade das 200 igrejas, cerca de 25% das pessoas relataram frequentar "outros cultos de ensino ou adoração".

Isso sugere que as pessoas nos movimentos de crescimento espiritual intermediário ou avançado se beneficiam das atividades eclesiásticas que estão voltadas para suas necessidades. Isso também é um argumento em favor de a igreja oferecer conjunto mais abrangente de atividades eclesiásticas que sirva à missão do crescimento espiritual mais eficientemente do que a concentração dos recursos na igreja nos cultos dos fins de semana e nos pequenos grupos.

"Refletir nas Escrituras" exerce mais influência do que qualquer outra prática espiritual pessoal.

3. Práticas espirituais pessoais

Práticas espirituais pessoais são catalisadores muito poderosos. Chegamos a essa conclusão em 2004 quando a única igreja pesquisada foi a Willow Creek, e a atual pesquisa com mais de 200 igrejas chegou à mesma conclusão.

O gráfico 2-7 mostra as práticas espirituais mais influentes em cada movimento espiritual. O gráfico 2-7 também demonstra a profundidade analítica disponível para nós neste banco de dados expandido. Por exemplo, em vez de medir apenas uma dimensão da oração, como "oração diária em busca de orientação", somos capazes de avaliar o impacto desse tipo de oração passando de ocasional para frequente no Movimento 1, e de frequente para diária no Movimento 2. Ser capaz de desmembrar as práticas espirituais em múltiplas opções — de "raro, ocasional, frequente e diária" — nos permite identificar a importância das práticas espirituais bem no começo do desenvolvimento espiritual. A capacidade de olhar para as práticas espirituais de maneira mais abrangente gerou diversas percepções novas. Destacamos duas delas.

"Refletir nas Escrituras" é o fator número um ao longo de todos os três movimentos. Mas isso é apenas parte da história. Quando comparamos estatisticamente a força desses fatores, "Refletir nas Escrituras" ("Reflito no significado das Escrituras para minha vida") é muito mais influente do que qualquer outra prática espiritual. De fato, para os segmentos mais importantes — Perto de Cristo e Centrado em Cristo — é duas vezes mais catalisador do que qualquer outro fator. Usando a mesma comparação estatística, oração diária em busca de orientação é uma vigorosa prática espiritual secundária, especialmente para o Movimento 2.

Muitos dos fatores espirituais testados não aparecem como catalisadores. Fazer um diário, ler materiais devocionais e acessar materiais cristãos fora da igreja (ouvir música, rádio ou mensagens cristãs; ler livros cristãos; acessar *sites* da internet com conteúdo cristão) não aparecem como fatores significativos nos três movimentos de crescimento espiritual. Comparados com os fatores em destaque no gráfico 2-7, essas outras atividades nem chegaram perto de ser tão indicativas como os catalisadores que figuram entre os mais importantes.

Gráfico 2-7: As práticas espirituais pessoais que mais influenciam o crescimento estão listadas abaixo de cada movimento em ordem de importância.

4. Atividades espirituais com outras pessoas

As atividades espirituais com outras pessoas acontecem em larga medida fora da igreja e catalisam o crescimento à medida que as pessoas ativam sua fé por meio de uma variedade de experiências. Estas atividades incluem redes informais de amigos espirituais e confidentes, saídas para evangelismo, e servir aos necessitados "por conta própria", o que pode ser ajudar por meio de uma organização como Exército de Salvação, ou simplesmente ajudar um vizinho que está passando por tempos difíceis.

O gráfico 2-8 ilustra as atividades espirituais com outras pessoas que são mais importantes para cada movimento do desenvolvimento espiritual.

A força dessa categoria de catalisadores se encontra na dinâmica humana das experiências. Cada fator envolve algum risco — como o risco de sair em público e expor sua fé por meio do evangelismo, ou expor suas inadequações espirituais para outro cristão. Edificar a fé no particular por meio de práticas espirituais pessoais, ou dentro dos limites da igreja, são caminhos relativamente fáceis se comparados com as aparições públicas que estes catalisadores envolvem. Mas correr riscos edifica a fé, e podemos enxergar um crescente nível de risco nos catalisadores que surgem ao longo dos três movimentos.

Seguem duas percepções principais a respeito das atividades espirituais com outras pessoas.

A comunidade espiritual é um catalisador essencial para o crescimento espiritual. A comunidade espiritual aparece como um catalisador do crescimento em todos os três movimentos, embora sua forma mude de amizades mais casuais para relacionamentos de mentoria, envolvendo mais transparência e mais riscos. O papel das amizades espirituais nos dois primeiros movimentos coincide com o papel dos pequenos grupos no gráfico 2-5, o que não é de surpreender. Parece lógico que muitas amizades espirituais comecem com uma atividade eclesiástica organizada como pequenos grupos ou serviço.

Gráfico 2-8: As mais influentes atividades espirituais com outras pessoas, que em larga medida acontecem fora da igreja, estão listadas abaixo de cada movimento em ordem de importância na promoção do crescimento espiritual.

É importante observar que, quando perguntamos para as pessoas qual tipo de comunidade espiritual é mais importante para promover o crescimento espiritual delas, todas escolheram as amizades espirituais (gráfico 2-9).

Todos os segmentos afirmam que as amizades espirituais desempenham o papel de maior destaque na origem da comunidade espiritual

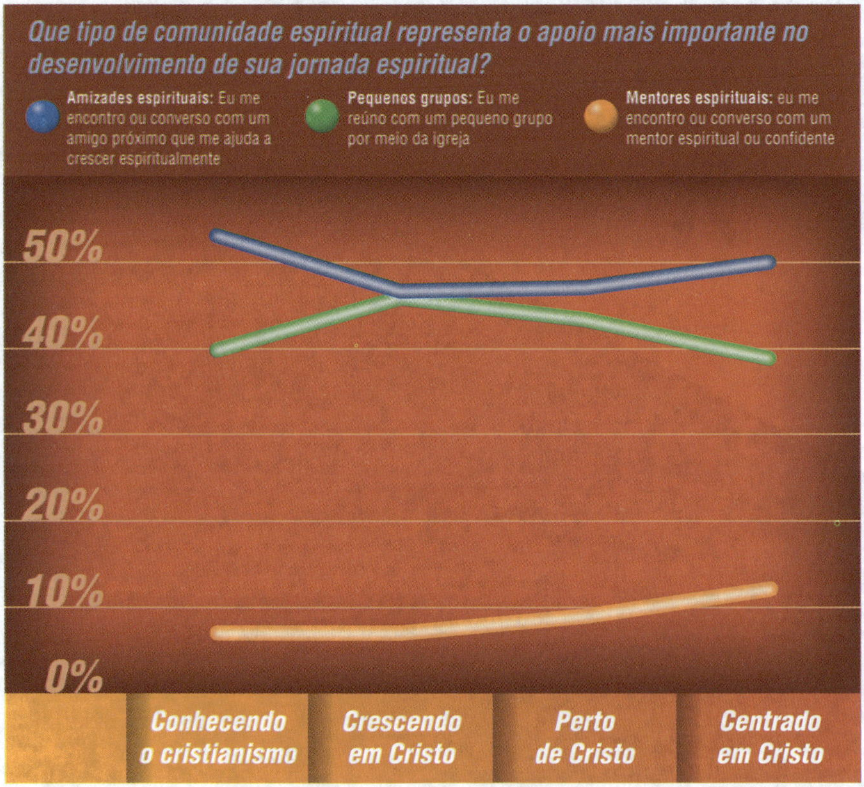

Gráfico 2-9: A porcentagem mais alta de pessoas em cada segmento afirmou que as amizades espirituais desempenham o papel de maior destaque na origem da comunidade espiritual, se comparadas com pequenos grupos e mentores espirituais.

Essa é uma percepção importante, pois muitas igrejas operam na suposição de que todos deveriam fazer parte de uma forma organizada de comunidade espiritual, como pequenos grupos ou serviço. Nossa pesquisa sugere que é muito importante que as igrejas incentivem ajuntamentos formais, organizados — como pequenos grupos e experiências de serviço —, mas também é benéfico que as pessoas em algum momento se desprendam da estrutura organizada. Um resultado-chave da estrutura organizada é possibilitar o desenvolvimento de redes informais de relacionamento, e isso implica que o papel da estrutura organizada pode ser temporário.

Isso é consistente com as evidências de que os relacionamentos talhados para a transparência espiritual, como os mentores e os confidentes, são bem recebidos pelas pessoas nos movimentos intermediários e avançados. O tamanho médio de um pequeno grupo — de seis a doze participantes — não se harmoniza com um relacionamento íntimo de transparência que, por definição, tem maior probabilidade de acontecer no contexto do relacionamento entre duas pessoas.

Nossa hipótese é que o evangelismo ***é tanto*** *a causa* ***quanto*** *o efeito.*

O evangelismo é o fator mais catalisador para os Movimentos 2 e 3. Isso faz surgir a questão: o evangelismo é a "causa" ou o "efeito"? Em outras palavras, o evangelismo é simplesmente um resultado, um efeito da fé que se desenvolve? Ou o evangelismo (definido como "ter seis ou mais conversas significativas com não cristãos por ano") é uma causa do crescimento espiritual — uma experiência catalisadora em si mesma, fortalecendo o coração do seguidor de Cristo que se envolve no diálogo com um não cristão?

Nossa conclusão...

Desta pesquisa só podemos concluir que níveis mais elevados de evangelismo são altamente indicativos quanto ao crescimento espiritual nos movimentos intermediário e avançado. Nossa hipótese é que o evangelismo é *tanto* a causa *quanto* o efeito. Surge do coração do cristão como um resultado, e por isso é um efeito; também é uma causa do crescimento espiritual à medida que reforça a fé do cristão e lhe dá novo ânimo.

CRESCIMENTO ESPIRITUAL — É LINEAR?

Depois dos dados e da discussão sobre os achados empíricos, pode parecer que acreditamos no crescimento espiritual como um processo linear, passo a passo. No entanto, nada poderia estar mais distante da verdade.

Não existe nenhum arranjo de pedras "pise aqui" que garanta a maturidade espiritual.

O crescimento espiritual é um processo extremamente individual, repleto de momentos misteriosos que cristalizam e catalisam nossa fé. Não existe nenhum arranjo de pedras "pise aqui" que garanta a maturidade espiritual. De fato, a maioria de nós provavelmente diria que passamos mais por trancos e barrancos do que por um processo em linha reta em nossa jornada espiritual.

A imagem de uma "orquestra espiritual" pode ajudar a conciliar o mistério do crescimento espiritual com os achados de nossa pesquisa voltada para dados e gráficos.

Se você já assistiu a uma produção musical ou a uma sinfonia, ouviu a orquestra tocar quatro tipos diferentes de instrumento:

- **Sopros: clarinete, oboé, fagote etc.**
- **Cordas: violino, viola, contrabaixo etc.**
- **Metais: trompete, trombone, tuba etc.**
- **Percussão: caixa, pratos, tímpanos etc.**

Durante toda a apresentação, os instrumentos permanecem no palco, mesmo quando não estão tocando. Por exemplo, os instrumentos de percussão podem tocar durante apenas alguns minutos durante uma certa obra, mas eles ficam em seus lugares. Os instrumentos podem ficar em silêncio de tempos em tempos, mas nunca se ausentam. E, quando eles tocam, o som que produzem pode aumentar ou diminuir dependendo do movimento da música.

Pense nos quatro grupos de catalisadores espirituais como se fossem os quatro grupos de instrumentos musicais. Como instrumentos de orquestra que nunca deixam o palco durante uma apresentação, as quatro categorias de catalisadores espirituais nunca saem do "palco" espiritual. Elas estão sempre presentes e ativas no desenvolvimento espiritual de uma pessoa, embora o impacto e a influência que exercem no crescimento espiritual variem — drasticamente em alguns casos — cruzando os três movimentos e ao longo da escalada espiritual. Como os movimentos de uma sinfonia, esses movimentos espirituais são bem distintos. Mas eles se deslocam de um para outro, usando os mesmos "instrumentos" (catalisadores) para pavimentar o progresso necessário a fim de avançar para o nível seguinte.

Quantas peças musicais diferentes podem ser tocadas usando os quatro grupos de instrumentos numa orquestra? Centenas? Milhares? Milhões? Quem sabe? Da mesma maneira, quantas jornadas espirituais podem ser geradas usando diferentes combinações de convicções, atividades eclesiásticas, práticas espirituais e atividades espirituais com outras pessoas? Muitas, muitas mais do que podemos imaginar. Assim como a música é composta de infindáveis combinações de acordes e tons, também as jornadas espirituais são compostas das marcas singulares feitas pela mão divina.

A jornada espiritual de cada pessoa é singular.

Assim, os quatro grupos de catalisadores espirituais permanecem no palco, mas a jornada espiritual de cada pessoa é singular. A pesquisa nos informa sobre o papel geral e a importância de mais de cinquenta catalisadores nos movimentos espirituais. Mas o mistério permanece no arranjo individual da trilha espiritual — a sinfonia espiritual de cada pessoa é diferente.

PONHA A BANDA PARA TOCAR!

Agora entendemos como as quatro categorias de catalisadores se movem ao longo da escalada espiritual. Se jogássemos os cinquenta e poucos catalisadores na mesma panela espiritual, quais, na sua opinião, surgiriam como os fatores mais importantes no crescimento espiritual? Seriam as convicções e as atitudes espirituais? E quanto às práticas espirituais pessoais? O que dizer das atividades espirituais com outras pessoas? Entre todos os fatores, quais são mais importantes para o Movimento 1? E para o Movimento 2? E para o Movimento 3?

É esse o assunto da seção seguinte. É hora de "pôr a banda para tocar", e olhar cada movimento espiritual isoladamente para ver quais fatores são os catalisadores mais marcantes ao longo da escalada espiritual.

CALLY PARKINSON

SIGA-ME

3 A CURVA DE APRENDIZAGEM DO CRESCIMENTO ESPIRITUAL

OS PRINCIPAIS IMPULSIONADORES DO CRESCIMENTO ESPIRITUAL

crescimento

AS NECESSIDADES DO CRESCIMENTO ESPIRITUAL SÃO extremamente diferentes para os cristãos novos quando comparadas com as necessidades dos dedicados seguidores de Cristo. O que estimula ou não estimula o crescimento em diferentes segmentos do desenvolvimento espiritual? Mergulhamos a fundo na pesquisa para descobrir.

3

A CURVA DE APRENDIZAGEM DO CRESCIMENTO ESPIRITUAL

O aprendizado não é um processo unidimensional. As pessoas adquirem conhecimento e habilidades por meio de múltiplos canais de entrada — desde o ensino e estudo em sala de aula, até o treinamento e experiências "mão na massa". Um bom exemplo é o estudante de medicina que estuda princípios complexos de química, utiliza esses princípios em experimentos no laboratório da faculdade e depois os aplica na prática em pacientes.

O crescimento espiritual tem em comum a complexidade dessa curva de aprendizagem multidimensional: as pessoas crescem espiritualmente por meio de múltiplos canais de entrada — desde o ensino e o estudo, até o *coaching* espiritual e experiências espirituais do cotidiano. Nós revisamos as fontes desses canais de entrada no capítulo 2 (catalisadores tais como convicções e atitudes espirituais, atividades eclesiásticas etc.), mas nós os examinamos *horizontalmente*, como se fossem categorias independentes. É semelhante a avaliar o progresso da aprendizagem olhando o desempenho acadêmico em apenas uma matéria, como, por exemplo, a matemática.

As pessoas crescem espiritualmente por meio de múltiplos canais de entrada — desde o ensino e o estudo, até o coaching espiritual e as experiências espirituais do cotidiano.

O propósito deste capítulo é destrinchar a complexidade da curva de aprendizagem do crescimento espiritual examinando a maneira pela qual as categorias de catalisadores espirituais se juntam e influenciam cada um dos três movimentos espirituais.

Em outras palavras, usaremos uma abordagem *vertical*, e mergulharemos em cada movimento espiritual, tendo em foco quais catalisadores influenciam mais cada movimento (gráfico 3-1).

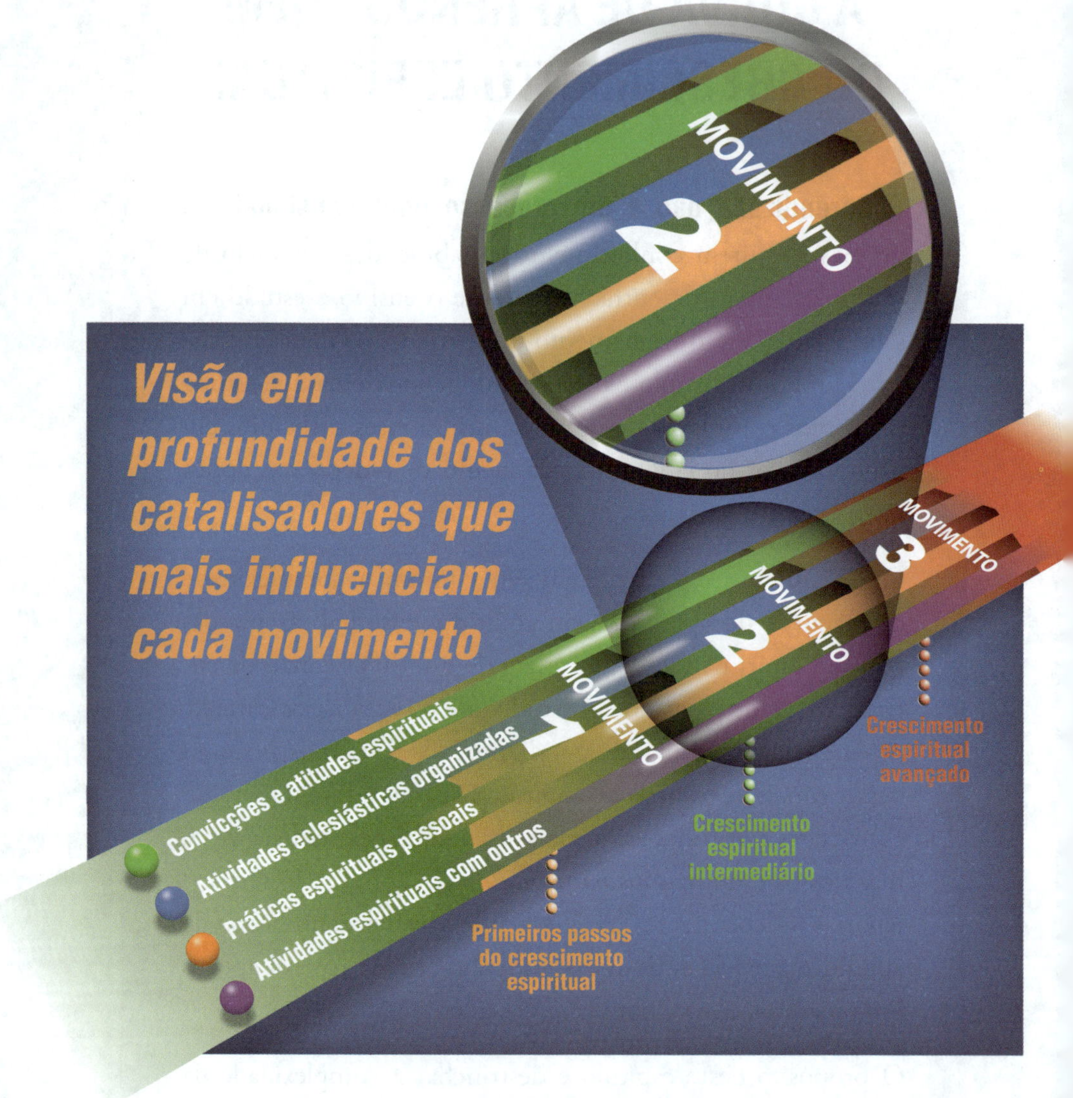

Gráfico 3-1: A visão ampliada do Movimento 2 mostra que neste capítulo nos concentraremos nos catalisadores mais importantes do crescimento espiritual para cada um dos três movimentos espirituais.

Examinar com mais profundidade cada movimento nos capacita a identificar os principais fatores que melhor predizem o crescimento espiritual. A linguagem da "previsibilidade" refere-se à combinação de fatores que mais frequentemente causa um determinado resultado. Por exemplo, a combinação de pressão alta, colesterol alto e excesso de peso tende a prognosticar uma condição cardíaca precária. Quando dizemos que determinados fatores espirituais são "mais indicativos" do que outros, significa que, quando esses fatores estão presentes, é mais provável que o crescimento espiritual aconteça, exatamente como uma condição cardíaca precária tem mais chance de acontecer quando um paciente tem excesso de peso, pressão alta e colesterol alto. A previsibilidade é exatamente o tema deste capítulo — a identificação dos fatores que são mais indicativos do crescimento espiritual.

Com base na análise que fizemos de mais de cinquenta catalisadores espirituais, apresentamos em ordem de importância os fatores mais indicativos para cada movimento de crescimento espiritual, e também mostramos quanto um fator é mais importante quando comparado a outro fator. Para ilustrar o motivo de esse conceito ser tão importante, vamos considerar como a definição da ordem de importância funciona em outra categoria familiar: a de sabores de sorvete.

Quando se trata de identificar e estabelecer ordem de importância dos fatores que catalisam o crescimento espiritual, estamos buscando o equivalente espiritual do sorvete de creme.

Qual é seu sabor preferido de sorvete?

Se for creme, você está em boa companhia. Creme é o primeiro da lista dos dez sabores de sorvete mais populares. Chocolate é o número dois, depois morango e assim por diante. Mas essa lista tem um problema. O *ranking* está correto, mas não é um bom indicador da verdadeira popularidade do sorvete de creme. Creme não é apenas o número um da lista: é também duas vezes mais popular do que o chocolate. E chocolate é significativamente mais popular do que qualquer outro sabor que esteja na lista dos dez primeiros.

Quando se trata de identificar e estabelecer ordem de importância dos fatores que catalisam o crescimento espiritual, estamos buscando o equivalente espiritual do sorvete de creme. Queremos saber a ordem de importância dos fatores que influenciam o crescimento em cada um dos três movimentos, mas também queremos saber se algum fator se sobressai. Os fatores que correspondem ao sabor creme merecem atenção e recursos porque representam catalisadores espirituais que exercem força e influência mais intensas do que outros fatores — o tipo de catalisadores com o potencial para exercer um impacto exponencial sobre o crescimento espiritual.

Toda igreja tem tempo e recursos limitados. Nossa esperança é que, ao identificarmos os catalisadores de impacto mais forte para cada movimento de crescimento espiritual, poderemos lançar luz sobre quais esforços ministeriais mais merecem nosso tempo e atenção.

MOVIMENTO 1: TUDO A VER COM OS FUNDAMENTOS

Aprender algo novo — como praticar um esporte, aprender a tocar um instrumento, falar outra língua — sempre começa com adquirir firmeza nos fundamentos. O Movimento 1 representa o estágio inicial do desenvolvimento espiritual. Assim, não é de surpreender que os catalisadores espirituais mais importantes sejam as atividades e práticas essenciais para o desenvolvimento dos fundamentos da fé cristã (gráfico 3-2).

OS CATALISADORES MAIS INFLUENTES NO MOVIMENTO 1

De Conhecendo o cristianismo para Crescendo em Cristo	
Convicções e atitudes espirituais	Salvação pela graça A Trindade Deus pessoal Cristo em primeiro lugar Autoridade da Bíblia
Atividades eclesiásticas	Servir a igreja Cultos nos fins de semana Pequenos grupos
Práticas espirituais pessoais	Refletir nas Escrituras (*de raro a frequente*) Ler a Bíblia (*de raro a frequente*) Oração em busca de orientação (*de ocasional a frequente*) Oração para confessar pecados
Atividades espirituais com outras pessoas	Amizades espirituais

Gráfico 3-2: Estes são os fatores mais importantes para cada uma das quatro categorias de catalisadores espirituais do Movimento 1.

Aprender algo novo sempre começa com adquirir firmeza nos fundamentos.

Dentre mais de cinquenta fatores, os treze fatores no gráfico 3-2 despontaram como os mais importantes para catalisar o crescimento espiritual no Movimento 1. Em termos da curva de aprendizagem no crescimento espiritual, as atividades e as experiências no Movimento 1 compartilham semelhanças interessantes com os anos do ensino fundamental.

O ensino fundamental é uma época na qual lidamos com os fundamentos da ortografia e da aritmética. Temos contato com nossas primeiras estruturas sociais nas aulas e nas atividades em grupo, e aquelas estruturas produziram muitas das nossas primeiras amizades. Aprendemos a interagir em ambiente com grupos numerosos e a ler sozinhos. É uma época cheia de empolgação com as novas descobertas e chegando a um acordo com quem somos fora do círculo familiar.

Semelhantes experiências e descobertas novas caracterizam o crescimento espiritual das pessoas no Movimento 1. Elas se debatem com as convicções cristãs fundamentais e começam a participar de estruturas eclesiásticas organizadas, tais como servir e participar de um pequeno grupo, que produz amizade espiritual duradoura. Elas também dão os primeiros passos em direção à alfabetização bíblica, à reflexão nas Escrituras e à oração, práticas que as sustentarão na jornada ao longo da escalada espiritual.

Duas percepções primordiais

As duas percepções primordiais que se seguem a respeito do Movimento 1 concentram-se na grande importância das convicções fundamentais para esses novos convertidos, e o papel de "rampa de acesso" desempenhado pela igreja para as primeiras experiências de crescimento espiritual.

Crescimento espiritual de indivíduos no Movimento 1 caracteriza-se pela luta com as convicções cristãs fundamentais.

Convicções fundamentais são críticas

O dicionário define convicção, crença, como "a aceitação pela mente que algo é verdadeiro ou real, normalmente alicerçado por um senso emocional ou espiritual de certeza". Sem aceitar inteiramente a convicção de que a salvação pela graça e a Trindade são verdadeiras, é difícil imaginar alguém experimentando o crescimento espiritual autêntico de um cristão. Assim, não é surpreendente que o crescimento espiritual de indivíduos no Movimento 1 se caracterize pela luta com as convicções cristãs fundamentais. O gráfico 3-3 mostra o pico de concordância com essas convicções, que ocorre entre os segmentos Conhecendo o cristianismo e Crescendo em Cristo.

A construção das convicções é crucial para aqueles que estão nos segmentos iniciais do crescimento espiritual

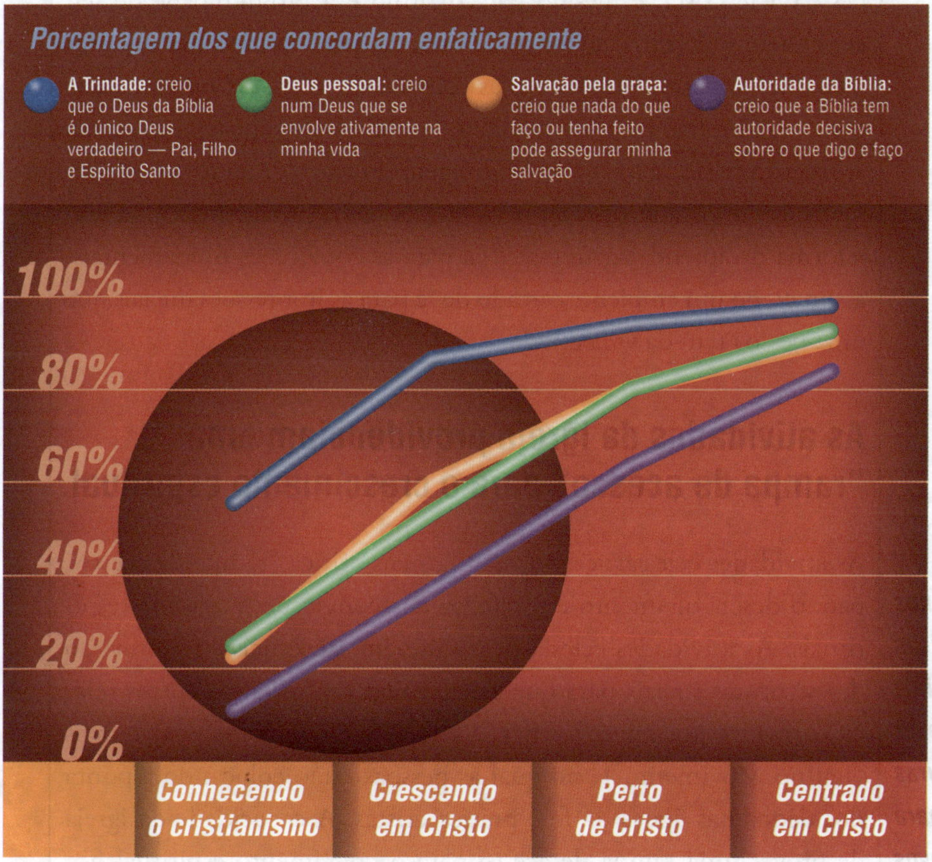

Gráfico 3-3: Os aumentos acelerados (marcados pelo círculo) na porcentagem de pessoas que "concordam enfaticamente" com as quatro convicções centrais do cristianismo mostram que estabelecer convicções é uma influência significativa no movimento de Conhecendo o cristianismo para Crescendo em Cristo.

fundamentos espirituais

Talvez nada seja mais importante para a conversão definitiva de uma pessoa à fé cristã, e mesmo para o ritmo e a profundidade de seu crescimento espiritual ao longo da vida, do que compreender e aceitar plenamente as implicações dessas convicções vitais. Os fundamentos espirituais são tão importantes para o crescimento espiritual quanto a aritmética básica é para a aprendizagem do cálculo, ou as regras gramaticais são para se escrever uma tese. A igreja providencia uma plataforma de aprendizagem essencial para as convicções fundamentais, assim como um ambiente cercado de fé para as impressões iniciais que uma pessoa tem da vida cristã.

As atividades da igreja providenciam uma "rampa de acesso" para o crescimento espiritual

As atividades eclesiásticas são cruciais para prover estruturas sociais para os novos convertidos.

As atividades eclesiásticas formam a mais crítica "rampa de acesso" para o desenvolvimento e o reforço das convicções e atitudes espirituais. As atividades eclesiásticas também são cruciais na provisão de estruturas sociais para que as amizades espirituais e outros relacionamentos possam se formar. A igreja desempenha seu papel mais vital no Movimento 1, no qual as pessoas estão colocando a ponta dos dedos nas águas da fé e prática cristãs. A capacidade da igreja de prover uma rampa de acesso para o crescimento espiritual fica evidente no aumento significativo na participação em três atividades eclesiásticas entre os segmentos Conhecendo o cristianismo e Crescendo em Cristo (gráfico 3-4).

Participação nas atividades eclesiásticas aumenta significativamente para aqueles que estão nos segmentos iniciais do crescimento espiritual

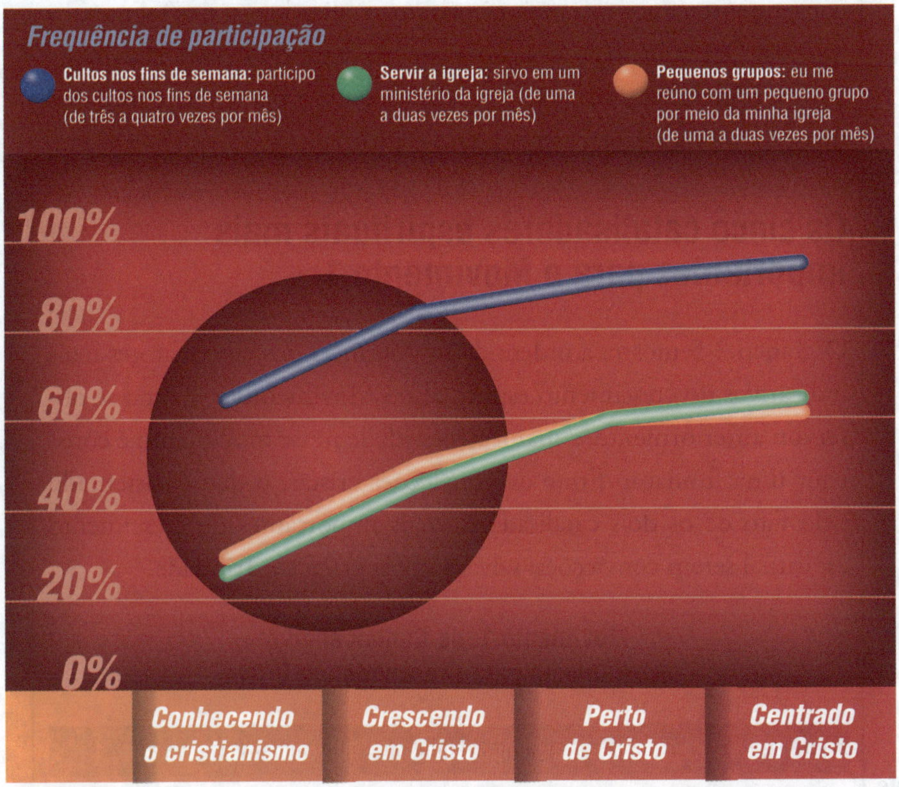

Grafico 3-4: Os aumentos consideráveis (marcados pelo círculo) na porcentagem de pessoas que participam de atividades eclesiásticas mostram uma conexão crescente com a igreja. É uma influência significativa no movimento de Conhecendo o cristianismo para Crescendo em Cristo.

A igreja funciona como uma sala de aula espiritual para os novos convertidos. Oferece um ambiente protegido e propício que reforça o desenvolvimento de convicções, e provê oportunidades para vivenciar a fé em comunidade (pequenos grupos) e a fé em ação (serviço). O fato de a participação se estabilizar em estágios posteriores do desenvolvimento espiritual sugere que o crescimento avançado é estimulado por outros fatores que vão além das atividades eclesiásticas. Mesmo o culto dos fins de semana, que atinge um platô em um nível de participação muito alto, tem sua maior elevação — e, consequentemente, seu maior impacto catalisador — nos segmentos iniciais. Daremos mais atenção a isso no capítulo 4, que destrincha a importância da satisfação das pessoas com o papel dos cultos nos fins de semana em seu crescimento espiritual.

Os cinco catalisadores espirituais mais importantes para o Movimento 1

O gráfico 3-5 mostra a ordem de importância dos cinco fatores mais indicativos do crescimento espiritual no Movimento 1. Como se observou anteriormente, a maior necessidade nesse movimento é construir uma fundação firme de convicções cristãs, o que é sustentado pelo fato de os dois catalisadores mais importantes do crescimento espiritual serem convicções: salvação pela graça e a Trindade.

Os dois catalisadores mais importantes do crescimento espiritual são convicções: salvação pela graça e a Trindade.

Movimento 1: de Conhecendo o cristianismo para Crescendo em Cristo

Os cinco catalisadores mais importantes que influenciam o Movimento 1*

1. **Salvação pela graça** (convicção e atitudes espirituais)
2. **A Trindade** (convicção e atitudes espirituais)
3. **Servir a igreja** (atividade eclesiástica)
4. **Oração em busca de orientação** (prática espiritual)
5. **Reflexão nas Escrituras** (prática espiritual)

* Listadas em ordem de importância. Veja Apêndice 2, "Abordagem e metodologia da pesquisa", para uma explicação detalhada da abordagem estatística usada na análise.

Gráfico 3-5: Os cinco catalisadores espirituais mais importantes para o Movimento 1, entre os mais de cinquenta avaliados, estão listados por ordem. Os cinco fatores representam a combinação de catalisadores mais indicativos do movimento de Conhecendo o cristianismo para Crescendo em Cristo.

Crer na salvação pela graça é o catalisador número um, mas é um fator sorvete de creme? Ou seja, esse fator realmente está bem acima dos outros cinco fatores? Nossa resposta é um "sim" qualificado. É qualificado porque crer na salvação pela graça é o melhor indicativo do movimento que parte do segmento Conhecendo o cristianismo para o segmento Crescendo em Cristo por uma boa margem, mas não por uma margem enorme. É 20% mais indicativo do que a convicção acerca da Trindade, e 50% mais indicativo do que os outros três fatores. Isso significa que uma convicção inabalável na salvação pela graça ("Concordo enfaticamente que nada do que faço ou tenha feito pode assegurar minha salvação") é o fator de maior influência no Movimento 1, mas essa influência não é o dobro da influência exercida pelo segundo fator (crer na Trindade), que é nosso padrão de medida do efeito sorvete de creme.

Uma convicção inabalável na salvação pela graça é o fator de maior influência no Movimento 1.

A importância das convicções fundamentais no Movimento 1 faz muito sentido. Afinal, é no Movimento 1 que as pessoas tomam a decisão de aceitar Cristo como Senhor e Salvador. Também é interessante notar que os primeiros passos nas práticas espirituais pessoais, por meio da oração e da reflexão nas Escrituras, mostram ser mais importantes para o crescimento espiritual do que os outros fatores em nossa análise. Isso significa que incentivar as pessoas a se envolver em práticas espirituais pessoais é catalisador (faz a mudança acontecer). Retomando a analogia do ensino fundamental, isso pode guardar alguma semelhança com as primeiras experiências com a leitura e a matemátca, quando pela primeira vez percebemos que poderíamos decifrar sozinhos um caminho, com indepedência dos pais ou professores. Igualmente, no Movimento 1, as incursões no terreno das práticas espirituais são os primeiros passos na direção de construir um relacionamento mais pessoal com Cristo — quando comparado com o relacionamento com foco na igreja —, e esses passos parecem ser bastante catalisadores das primeiras manifestações de crescimento espiritual.

Servir em um ministério na igreja é a atividade eclesiástica que mais influencia o Movimento 1. O motivo para isso pode ser duplo. Em primeiro lugar o serviço provê uma oportunidade concreta para uma experiência ativa e ancorada na fé, ultrapassando as atividades mais passivas de participar dos cultos nos fins de semana. Faz a fé avivar, e talvez por isso seja mais catalisadora do crescimento do que outras atividades eclesiásticas. O segundo motivo pelo qual servir é tão influente refere-se ao último item do gráfico 3-2, que é a importância das amizades espirituais. Servir em um ministério na igreja pode ser a melhor estratégia para atender às necessidades relacionais daqueles que estão nos primeiros estágios do crescimento espiritual. Talvez seja essa conexão o que faz a experiência de servir ser especialmente catalisadora. Essas duas características do serviço — a natureza ativa das experiências aliada à ambientação em uma comunidade — podem explicar por que nossa análise mostra que servir em um ministério na igreja é a atividade eclesiástica de maior influência.

O Movimento 1 tem tudo a ver com os fundamentos...

O Movimento 1 refere-se aos fundamentos das convicções cristãs e aos primeiros passos na direção de uma fé ativa e pessoal. Recordemos as implicações dos cinco fatores catalisadores mais indicativos. Assim como pressão alta, colesterol alto e excesso de peso são indicativos de uma situação cardíaca precária, os cinco fatores são os mais indicativos do crescimento espiritual no Movimento 1. Embora todos os fatores no gráfico sejam importantes para o crescimento espiritual dos novos convertidos, os cinco mais importantes são os fatores nos quais devemos mirar caso desejemos obter o impacto máximo no crescimento espiritual.

MOVIMENTO 2: EXERCITAR, EXERCITAR, EXERCITAR

MOVIMENTO 2

Tendo a pessoa demonstrado firmeza no conhecimento dos fundamentos, todos os técnicos e treinadores tem o mesmo conselho desgastado pelo tempo: *Exercitar!* Quanto mais tocar um instrumento, ou praticar lances à cesta no basquete, ou fazer uma imersão em uma nova língua, é mais provável que você de fato domine uma habilidade.

O conceito da prática é o tema central do Movimento 2.

O conceito da prática é o tema central do Movimento 2. Dezoito fatores surgiram como catalisadores desse movimento (gráfico 3-6). Nele, o crescimento espiritual sai do nível de iniciante, quando a pessoa está no Crescendo em Cristo, para o nível intermediário de Perto de Cristo. O que vemos são evidências de mais envolvimento (prática) nas atividades e nos relacionamentos que estimulam o crescimento espiritual a atingir níveis mais profundos de convicção pessoal e dedicação a Cristo.

Os catalisadores mais influentes no Movimento 2

Movendo-se de Crescendo em Cristo para Perto de Cristo	
Convicções e atitudes espirituais	Deus pessoal Salvação pela graça Autoridade da Bíblia Cristo em primeiro lugar Identidade em Cristo
Atividades eclesiásticas	Servir a igreja Servir aos necessitados por meio da minha igreja Classes de adultos sobre temas espirituais Pequenos grupos

Continua na próxima página

Uma independência maior, aumento da complexidade e aprofundamento dos relacionamentos também caracterizam o crescimento espiritual no Movimento 2.

Práticas espirituais pessoais	Oração em busca de orientação (de frequente a diária) Reflexão nas Escrituras (frequente) Dar o dízimo Solitude Leitura da Bíblia (frequente)
Atividades espirituais com outras pessoas	Evangelismo Amizades espirituais Servir aos necessitados por conta própria Mentores espirituais

Gráfico 3-6: Estes são os fatores mais importantes de cada uma das categorias de catalisadores espirituais do Movimento 2.

A analogia da curva de aprendizagem pode indicar outras percepções sobre o que acontece no Movimento 2, certas afinidades com os anos do ensino médio. Essa época da vida de um estudante caracteriza-se por uma independência crescente — mais tarefas de casa e estudo solitário, longe do apoio da escola e dos professores. Caracteriza-se também por um aumento na complexidade — adotar um currículo mais diversificado que inclua as ciências e a história com níveis mais complicados na matemática e na literatura. Os relacionamentos sociais também se aprofundam, tornando-se uma fonte cada vez mais importante de conselhos e orientações a respeito de desafios e bifurcações da vida.

Independência maior, aumento da complexidade e aprofundamento dos relacionamentos também caracterizam o crescimento espiritual no Movimento 2. Veremos o aumento da independência se olharmos para a lista mais longa de práticas espirituais pessoais que servem de catalisadores, à medida que as pessoas assumem mais responsabilidades por seu crescimento pessoal. Enxergamos uma complexidade maior na escolha das atividades eclesiásticas, tais como classes de adultos sobre temas espirituais e servir aos necessitados.

O aprofundamento dos relacionamentos aparece com o acréscimo dos mentores espirituais, aliado a amizades espirituais, como relacionamentos catalisadores. O mesmo acontece em atividades externas, como evangelismo e servir aos necessitados por conta própria, à medida que as pessoas começam a reagir ao amor de Cristo pelos perdidos e marginalizados.

A força impulsionadora mais dominante neste envolvimento espiritual é a rotina de exercícios das disciplinas espirituais.

Passando os olhos na lista de fatores catalisadores, fica fácil ver maior envolvimento espiritual no Movimento 2. A força impulsionadora mais dominante nesse envolvimento espiritual é a rotina da prática de disciplinas espirituais que cultivam um relacionamento ativo, pessoal e íntimo com Cristo. O deslocamento — de um relacionamento mais passivo com Cristo no Movimento 1, mas dependente da igreja — para um relacionamento mais ativo, pessoal, de Perto de Cristo, é a maior percepção no que se refere ao crescimento espiritual no Movimento 2.

A fé passa de passiva para ativa

No Movimento 1, as pessoas deixam a igreja carregar boa parte da responsabilidade em relação a seu desenvolvimento espiritual; no Movimento 2, o cenário muda radicalmente. As pessoas assumem maior responsabilidade por seu crescimento espiritual à medida que se debatem com a verdade de que há um Deus ativamente presente e envolvido em suas experiências cotidianas (gráfico 3-7).

No Movimento 2, as pessoas mudam o relacionamento com Jesus Cristo, que sai de uma admiração distante e chega a uma comunicação e intimidade contínuas. Pense em alguém que você respeite e goste, que talvez encontre uma vez por semana no trabalho, ou quando dá uma caminhada pela vizinhança. Agora pense num amigo de confiança — alguém que lhe é íntimo e que está familiarizado com sua situação; alguém com quem você entraria em contato imediatamente num momento crítico. O conhecido que você respeita e o amigo íntimo são dois relacionamentos muito distintos. No Movimento 2, as pessoas passam de um encontro semanal mais passivo para interações pessoais quase diárias. E essas interações pessoais são alimentadas por um aumento significativo nas práticas espirituais.

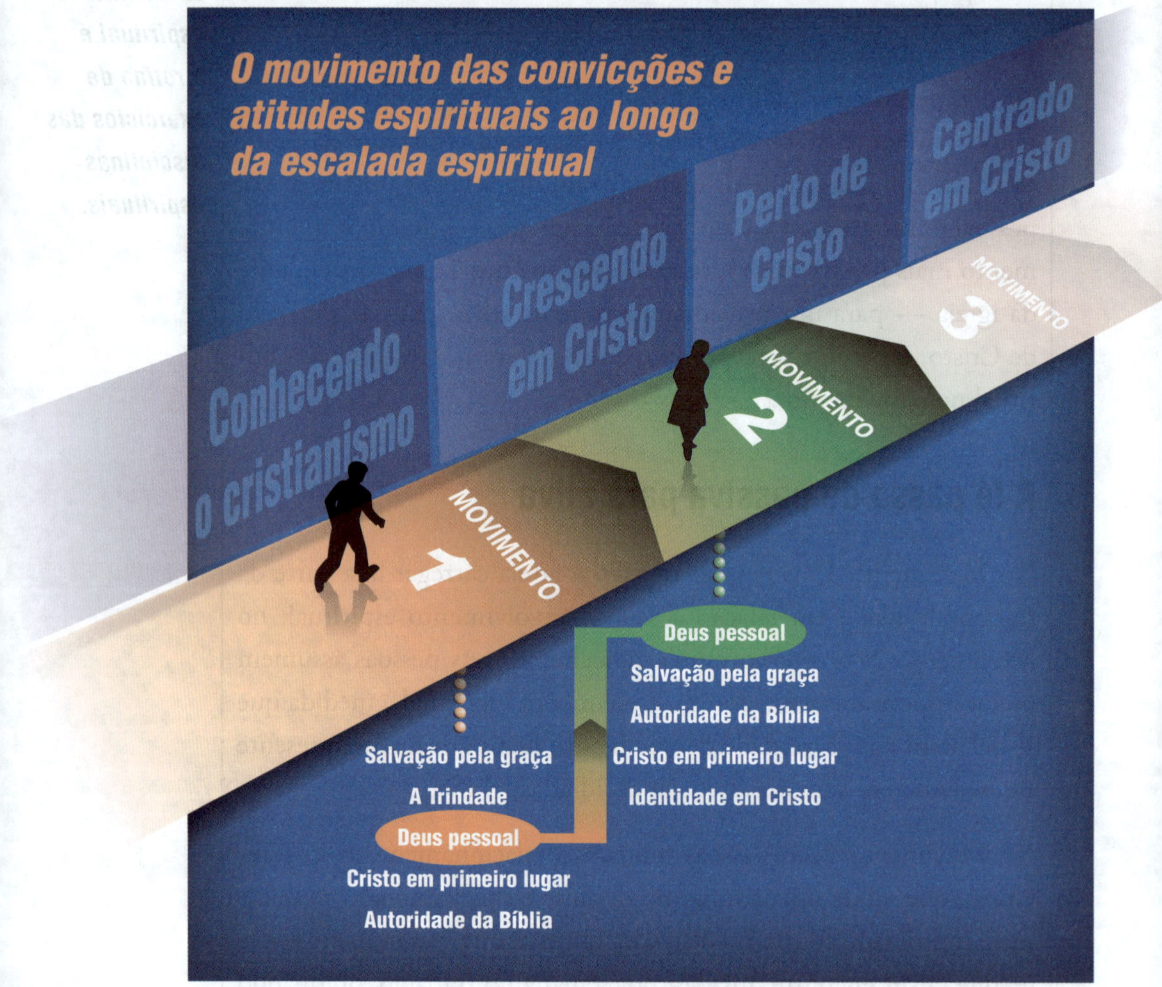

Gráfico 3-7: Crer em um Deus pessoal ("Creio que Deus se envolve ativamente na minha vida") passa a ser no Movimento 2 o catalisador de convicção espiritual mais importante, se comparado com os três catalisadores mais importantes no Movimento 1.

oração diária

Práticas espirituais pessoais tornam-se parte da vida

Os relacionamentos mais profundos e dignos de confiança que temos desenvolvem-se graças ao tempo e à energia que devotamos a eles. Esses investimentos assumem diversas formas — horas de conversas, mensagens de encorajamento e apoio, ou a presença consoladora em épocas sombrias. As pessoas no Movimento 2 aceleram a frequência desse tipo de investimento na relação que mantêm com Deus. Vemos grandes aumentos nas práticas espirituais pessoais — oração diária e estudo da Bíblia — entre os segmentos Crescendo em Cristo e o segmento Perto de Cristo (gráfico 3-8).

As pessoas passam de um encontro semanal mais passivo para interações pessoais quase diárias.

Faz sentido que o aumento da frequência de tempo e energia gastos na comunicação com Deus resulte num relacionamento de intimidade crescente com ele. O mais sutil, e talvez mais significativo, é o aumento da natureza de via dupla do relacionamento. Não é somente *falar* com Deus que é importante; também é vital *ouvir* Deus e receber respostas para as orações. Ler a Bíblia promove o crescimento espiritual, mas refletir em seu significado também. Esta reflexão deve ser conduzida de forma que mude a maneira de a pessoa pensar e viver, e de forma que seja a mais significativa possível.

A avenida de mão dupla é construída ao longo do Movimento 2, criando um relacionamento espiritual pautado pelo ir e vir entre Deus e a pessoa. Isso facilita o trânsito de encorajamento, gratidão, percepções, orientações e apoio. É nesse ponto que o relacionamento de fundo intelectual do Movimento 1 — arraigado nos fatos a respeito de Deus — se transforma em um relacionamento *com* Deus que é emocionalmente rico.

Práticas espirituais pessoais aumentam entre os segmentos Crescendo em Cristo e Perto de Cristo

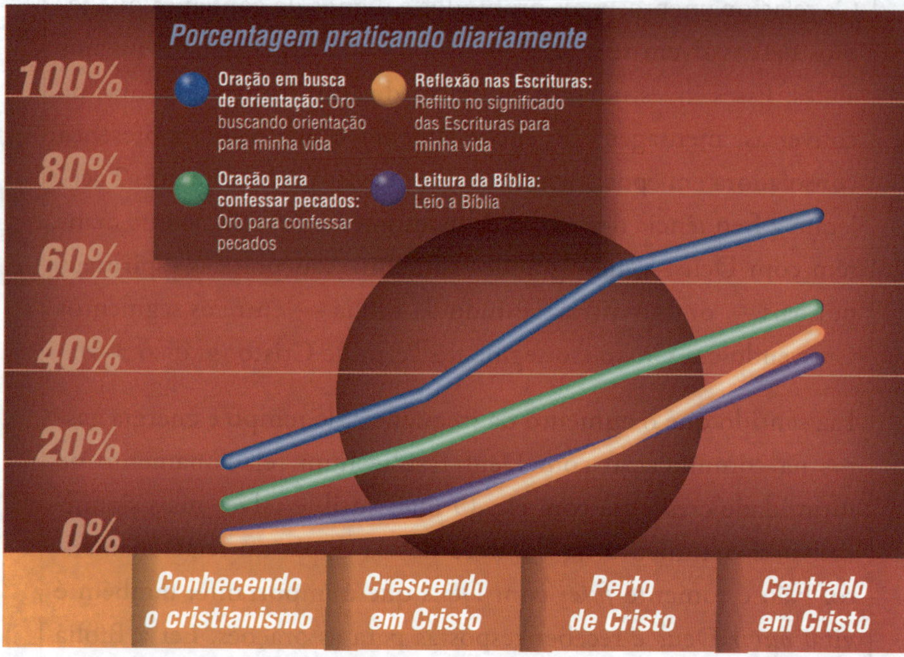

Gráfico 3-8: Os aumentos acelerados (marcados no círculo) na porcentagem de pessoas relatando práticas espirituais pessoais mostram que estabelecer uma regularidade nas disciplinas espirituais é uma influência significativa no movimento de Crescendo em Cristo para Perto de Cristo.

disciplinas espirituais

Os cinco catalisadores espirituais mais importantes para o Movimento 2

Os cinco catalisadores espirituais mais importantes para o Movimento 2 confirmam que esse nível intermediário de crescimento espiritual se caracteriza por um relacionamento cada vez mais pessoal com Jesus Cristo, alimentado por um cardápio de práticas espirituais regulares (gráfico 3-9). Crer em um Deus pessoal é catalisador de maior destaque, seguido por três práticas espirituais. Embora acreditar em um Deus pessoal seja o fator mais indicativo desse movimento, não chega ao nível do sorvete de creme porque os dois fatores seguintes — oração em busca de orientação e reflexão nas Escrituras — estão bem próximos. A prática espiritual da solitude também é importante, mas está longe de ser tão importante quanto os três primeiros catalisadores.

O evangelismo aparece como o quinto catalisador, um prenúncio do que veremos no Movimento 3. Quando as pessoas expressam níveis mais elevados de envolvimento com as práticas espirituais pessoais, e níveis mais elevados de concordância com as convicções e as atitudes espirituais, tais como "existo para conhecer, amar e servir Deus", é lógico supor que veremos níveis de comportamento espiritual mais elevados — como evangelismo e servir aos pobres — como expressões de uma fé crescente. Por esse motivo não é surpreendente ver o evangelismo entre os cinco catalisadores mais importantes do Movimento 2, já que esse movimento se caracteriza por níveis elevados de convicções espirituais e de práticas espirituais pessoais.

Este nível intermediário de crescimento espiritual caracteriza-se por um relacionamento cada vez mais pessoal com Jesus Cristo.

Movimento 2:
de Conhecendo o cristianismo para Perto de Cristo

Os cinco catalisadores que mais influenciam o Movimento 2*

1. Deus pessoal (convicção e atitude espirituais)
2. Oração em busca de orientação (prática espiritual)
3. Reflexão nas Escrituras (prática espiritual)
4. Solitude (prática espiritual)
5. Evangelismo (prática espiritual com outras pessoas)

* Listadas em ordem de importância. Veja Apêndice 2, "Abordagem e metodologia da pesquisa", para uma explicação detalhada da abordagem estatística usada na análise.

Gráfico 3-9: Os cinco principais catalisadores entre os mais de cinquenta fatores avaliados em ordem de importância para o Movimento 2. Esses cinco fatores representam a combinação dos catalisadores com maior poder de previsão do movimento de Crescendo em Cristo para Perto de Cristo.

Assim como acontece no Movimento 1, é bom pensar nos cinco fatores como as condições com maior probabilidade de gerar um determinado resultado. Então, são esses os fatores que melhor preveem o crescimento espiritual no Movimento 2. Devemos mirar esses alvos caso queiramos atingir o impacto máximo no nível intermediário de desenvolvimento espiritual.

É difícil exagerar a importância de estabelecer um ritmo diário e uma rotina de práticas espirituais.

Alimentadas por orações frequentes, reflexões nas Escrituras e outras práticas espirituais, as pessoas nesse movimento crescem na direção de um relacionamento cada vez mais íntimo com Deus. Elas recebem de bom grado estudos bíblicos, aulas sobre temas espirituais e retiros, porque as práticas espirituais assumem tamanho vulto que servem de peças a estimular e a dar forma ao crescimento. É difícil exagerar a importância de estabelecer um ritmo diário e uma rotina de práticas espirituais no Movimento 2, não apenas por causa do impacto sobre o crescimento espiritual, mas também porque prepara para o extravasamento das atividades de fé do Movimento 3.

MOVIMENTO 3: NA ÁREA

Na curva de aprendizagem de qualquer habilidade há um momento mágico: é quando os fundamentos e a prática finalmente dão resultado. É chamado de "na área". O jogador de basquete Michael Jordan, uma lenda do Chicago Bulls, é um bom exemplo. Quando Jordan estava na área — no caso dele, a linha dos três metros — raramente perdia um arremesso, não importava o que o adversário fizesse para detê-lo. Num dos jogos das finais, ele fez seis arremessos e converteu seis cestas de três pontos no primeiro tempo, e arrematou essa façanha encolhendo os ombros para expectadores, gesto famoso. Ele mesmo parecia estar impressionado com seu aproveitamento.

Aqueles que estão no segmento Centrado em Cristo estão "na área" para o Reino.

Aqueles que estão no segmento Centrado em Cristo estão "na área" para o Reino. Essas pessoas internalizaram as convicções fundamentais do cristianismo, e as práticas espirituais pessoais são tão rotineiras quanto escovar os dentes. O comportamento Centrado em Cristo brota dessas pessoas por causa de sua fé apaixonada.

Os catalisadores importantes para o Movimento 3 descrevem um quadro dos seguidores de Cristo que estão intensamente inspirados por sua fé (gráfico 3-10). A atitude espiritual número um é "entregar minha vida": isso significa que elas concordam enfaticamente com "estou disposto a entregar tudo o que é importante na minha vida por Jesus Cristo". Servir aos necessitados lidera a lista de atividades eclesiásticas importantes, ao lado de outros cultos de ensino e servir a igreja. As práticas espirituais pessoais são transferidas com força total para atividades vivenciadas diariamente, em vez de frequente ou ocasionalmente. E suas conexões espirituais com outras pessoas expandem-se por meio de mais evangelismo, relacionamentos de mentoria e serviço aos necessitados.

Os catalisadores de maior influência no Movimento 3

Movendo-se de Perto de Cristo para Centrado em Cristo	
Convicções e atitudes espirituais	Entregar minha vida Cristo em primeiro lugar Identidade em Cristo Autoridade da Bíblia Mordomia
Atividades eclesiásticas	Servir aos necessitados por meio da minha igreja Outros cultos de ensino ou adoração Servir a igreja
Práticas espirituais pessoais	Reflexão nas Escrituras (*de frequente a diária*) Solitude (*de ocasional a diária*) Leitura da Bíblia (*de frequente a diária*) Oração em busca de orientação e confissão de pecados (*diária*) Dar o dízimo
Atividades espirituais com outras pessoas	Evangelismo Mentores espirituais Servir aos necessitados por conta própria

Gráfico 3-10: Estes são os fatores mais importantes de cada uma das quatro categorias de catalisadores espirituais do Movimento 3.

As pessoas no Movimento 3 caracterizam-se por um senso de responsabilidade individual semelhante ao dos alunos na época da faculdade. Lá os alunos estão entregues a si, tomando decisões morais sem supervisão dos pais, assim como decisões independentes sobre trabalhos e relacionamentos que afetarão significativamente a trajetória de sua vida.

Os cristãos no Movimento 3 são marcados por um senso semelhante de responsabilidade espiritual em seu compromisso apaixonado de seguir o chamado de Jesus. Elas não depositam confiança nas influências externas para motivação e direcionamento espirituais, e fazem o tipo de escolhas éticas e morais que são requisitos da busca ávida pelo comprometimento intransigente que rejeita caminhos alternativos. Elas põem em ação uma profunda paixão por Cristo ao evangelizar, servir aos pobres e encorajar outras pessoas. Todos esses comportamentos brotam do amor ao Cristo que define a identidade delas. Por isso, sugerimos que as pessoas desse movimento, em termos espirituais, "estão na área". Suas atividades espirituais e seu "desempenho" fluem com naturalidade, e talvez elas nem estejam conscientes do impacto que causam no mundo que as cerca.

Elas põem em ação uma profunda paixão por Cristo ao evangelizar, servir aos pobres e encorajar outras pessoas.

O rápido crescimento espiritual marca a maturidade espiritual

O Movimento 3 é um tempo de crescimento espiritual muito rápido, o que pode parecer contraintuitivo. Era de esperar que as pessoas relatassem estar crescendo mais rapidamente no início da jornada espiritual, quando elas pela primeira vez se familiarizam com o poder da oração e das Escrituras. No entanto, o crescimento daqueles que se encontram no Movimento 3 parece ser o mais frutífero e acelerado (gráfico 3-11). Um número maior de pessoas centradas em Cristo tem mais probabilidade de relatar um ritmo acelerado de crescimento espiritual do que as pessoas que estão em qualquer dos outros segmentos. A curva que vai de Perto de Cristo para Centrado em Cristo (Movimento 3) é bem inclinada, e isso significa que o aumento é relevante.

Essa experiência de crescimento rápido no Movimento 3 retoma a analogia da experiência de um universitário. É na faculdade que as pessoas ultrapassam o currículo básico do ensino médio e atingem níveis mais elevados de raciocínio crítico, aliados a maior diversidade nos desafios acadêmicos e pessoais. Eles também se concentram cada vez mais na área de conhecimento que escolheram. Da mesma forma, as pessoas no segmento Centrado em Cristo buscam avidamente um crescimento mais acentuado e maior diversidade de experiências espirituais, e também exibem um foco preciso, como se fosse um *laser*, na fé que possuem. Essas características criam um ambiente no qual o crescimento acelerado é a consequência lógica.

Aqueles que estão no segmento Centrado em Cristo têm maior probabilidade de afirmar que estão em uma época de crescimento espiritual acelerado

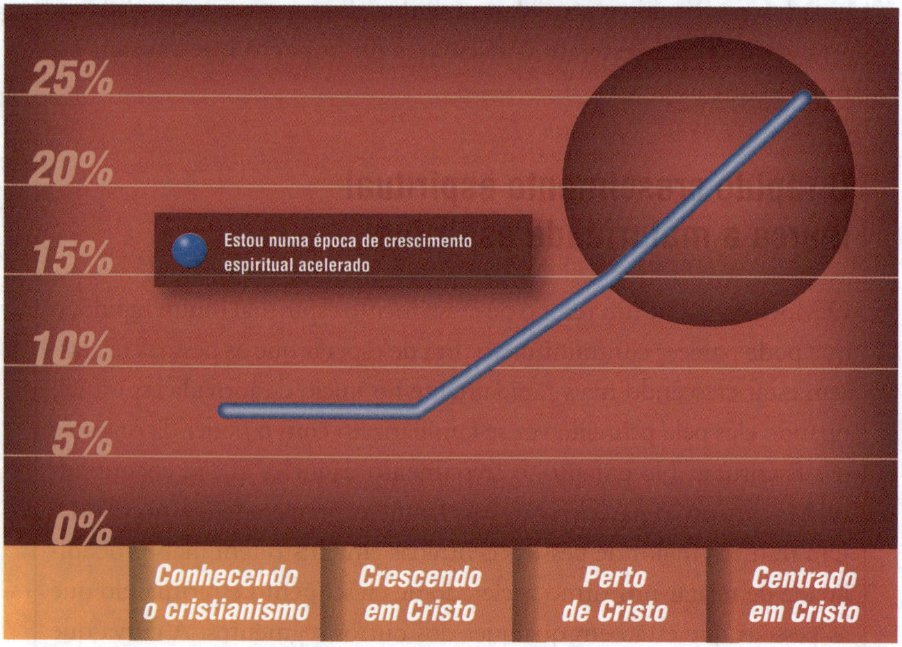

Gráfico 3-11: O segmento Centrado em Cristo mostra probabilidade bem maior de alguém afirmar "Estou numa época de crescimento espiritual acelerado".

O Movimento 3 é uma época de generosidade espiritual

O Movimento 3 é uma época na qual as pessoas se abrem plenamente ao chamado de Cristo para a vida. Vemos evidências disto na escalada das respostas "concordo enfaticamente" com as quatro afirmações da atitude espiritual (gráfico 3-12).

"Entregar minha vida" é a atitude catalisadora que demonstra o nível mais alto de aceleração dos que vão do segmento Perto de Cristo para Centrado em Cristo. Isso significa um aumento no número de pessoas no Movimento 3 que afirmam "concordo enfaticamente" e "estou disposto a arriscar tudo que é mais importante na minha vida em favor de Jesus Cristo".

Atitudes quanto a entregar meu tempo, dinheiro, fé e vida aumentam grandemente nos segmentos mais avançados do crescimento espiritual

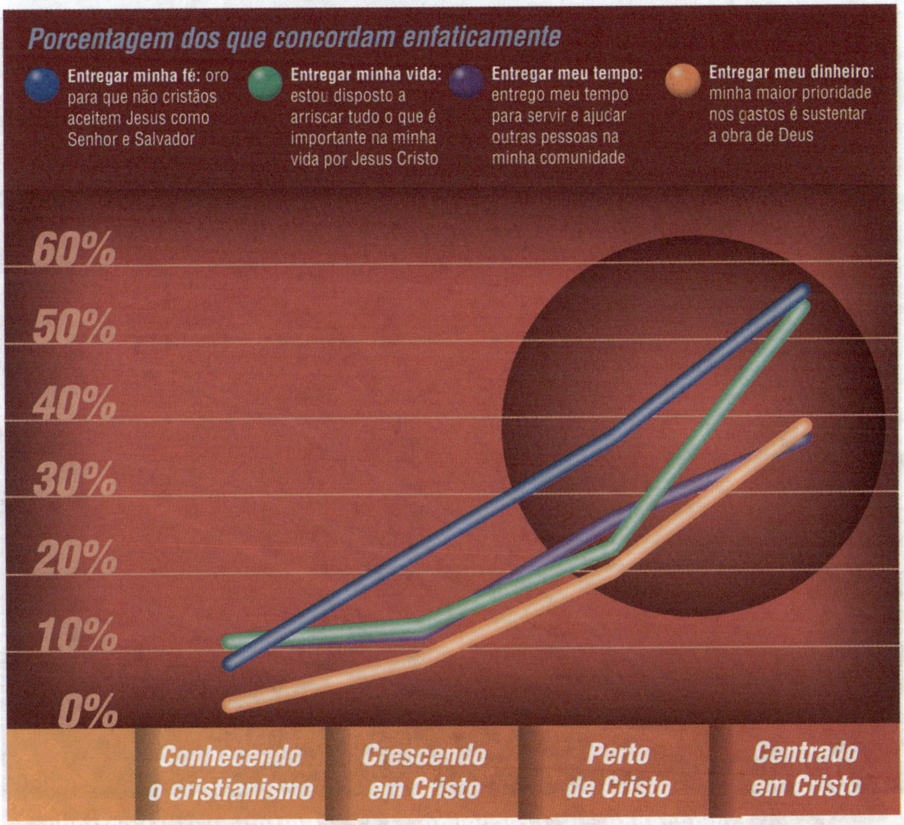

Gráfico 3-12: A porcentagem de pessoas que "concordam enfaticamente" com as declarações de atitudes espirituais quanto à rendição dos aspectos mais importantes da vida para Deus aumentam significativamente entre os segmentos Perto de Cristo e Centrado em Cristo. Isso demonstra um deslocamento do coração espiritual da identidade autocentrada para uma identidade definida pelo relacionamento com Cristo.

Os padrões de comportamento espiritual surgem como reações à medida que as pessoas alinham as ações com o coração.

O aumento na disposição para entregar "tudo o que é importante em favor de Cristo" — finanças, tempo e a própria vida — não é uma promessa vazia. Os padrões de comportamento espiritual surgem como reações à medida que as pessoas alinham as ações com o coração. O crescimento espiritual rápido e o aumento das atitudes de rendição que caracterizam o Movimento 3 parecem ser alimentados pela crescente atividade espiritual (gráfico 3-13).

Os segmentos mais avançados mostram os níveis mais elevados de serviço, evangelismo e dízimo

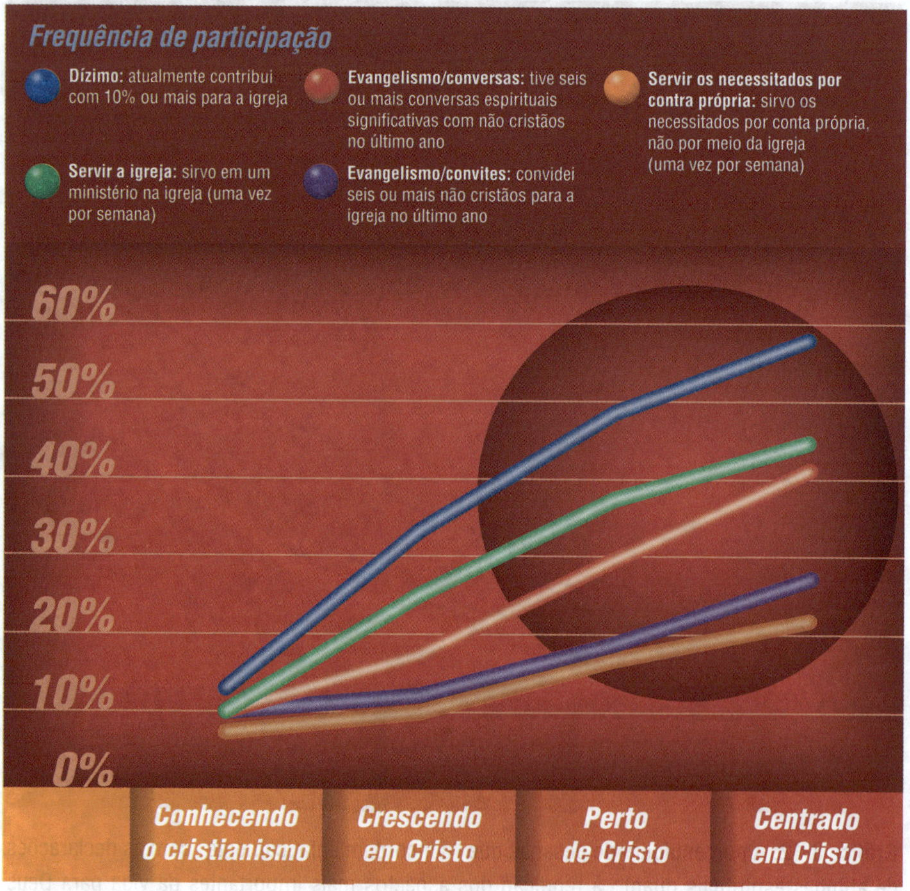

Gráfico 3-13: A frequência de dízimo, serviço e evangelismo aumenta até os valores máximos nos segmentos Perto de Cristo e Centrado em Cristo (marcado pelo círculo), ilustrando o transbordar do comportamento espiritual associado a uma maturidade espiritual crescente.

Cremos que atividades como serviço e evangelismo não são simplesmente iniciadas pela fé crescente, mas que as próprias atividades na verdade catalisam o crescimento espiritual. Se você tolerar mais uma referência à experiência na faculdade, essas atividades são similares à residência, quando os alunos têm a primeira oportunidade de aplicar a formação e o conhecimento acadêmicos a situações da vida real. O conhecimento e a empolgação a respeito da área que escolheram aumentam quando usam seus dons acadêmicos no trabalho em um ambiente de aprendizagem ativa.

Servir e evangelizar representam esse tipo de experiência de aprendizagem ativa para as pessoas no segmento Centrado em Cristo. Cremos que essas experiências não são simplesmente consequências de uma fé devota, mas são em si eventos catalisadores do crescimento. A convicção baseia-se no alto grau de correlação que vemos entre crescimento acelerado, atitudes de rendição e aumento nas atividades espirituais. No Movimento 3, o crescimento espiritual é alimentado pelas atividades espirituais de evangelismo externo, e vice-versa: cada uma delas incentiva e promove a outra.

No Movimento 3, o crescimento espiritual é internamente inflamado.

Os cinco catalisadores mais importantes do Movimento 3

No Movimento 3, o crescimento espiritual é internamente inflamado. Dizemos isso porque os quatro catalisadores mais importantes são convicções ou atitudes — algo firmemente estabelecido na mente e no coração — que impulsionam a rendição e a ação baseadas na fé (gráfico 3-14).

Será que o fato de nenhuma dessas atividades espirituais, tais como servir ou evangelizar, aparecer entre os cinco principais catalisadores entra em conflito com as observações feitas anteriormente sobre o poder que essas experiências têm de desencadear o crescimento?

O crescimento espiritual não se refere ao aumento do número de atividades: trata-se de desenvolver cada vez mais um relacionamento íntimo com Cristo.

Não. Se expandíssemos os cinco principais catalisadores para uma lista de dez, essas atividades seguiriam muito de perto as convicções e atitudes que vemos aqui. O que o gráfico 3-14 faz é reforçar a conclusão central de toda nossa pesquisa: o crescimento espiritual não se refere ao aumento do número de atividades; trata-se de desenvolver cada vez mais um relacionamento íntimo com Cristo. As quatro convicções e atitudes no topo da lista sublinham que o importante é o relacionamento com Cristo, não as atividades.

Movimento 3: de Perto de Cristo para Centrado em Cristo

Os cinco catalisadores mais importantes que influenciam o Movimento 3*

1. **Entregar minha vida** (convicção / atitude espirituais)
2. **Cristo em primeiro lugar** (convicção / atitude espirituais)
3. **Identidade em Cristo** (convicção / atitude espirituais)
4. **Autoridade da Bíblia** (convicção / atitude espirituais)
5. **Reflexão nas Escrituras** (prática espiritual)

* Listadas em ordem de importância. Veja Apêndice 2, "Abordagem e metodologia da pesquisa", para uma explicação detalhada da abordagem estatística usada na análise.

Gráfico 3-14: Os cinco catalisadores espirituais mais importantes entre os mais de cinquenta fatores avaliados estão listados em ordem de importância no Movimento 3. Os cinco fatores representam a combinação de catalisadores mais indicativos do movimento de Perto de Cristo para Centrado em Cristo.

A primeira declaração de atitude, "entregar minha vida", é um fator sorvete de creme: seu poder de previsão é mais do que o dobro do poder de previsão dos outro quatro fatores. Isso significa que concordar com a declaração "estou disposto a entregar tudo o que é importante na minha vida para Jesus Cristo" é o indicativo mais poderoso de um coração Centrado em Cristo.

A atitude "Cristo em primeiro lugar" ("desejo que Jesus ocupe o primeiro lugar na minha vida") é a segunda influência mais forte — posição semelhante à ocupada pelo chocolate na escala de preferência dos sorvetes — alcançando uma posição mais elevada do que as outras por larga margem.

Se nossas observações a respeito da correlação entre essas atitudes espirituais muito fortes e o aumento das atividades espirituais (evangelizar, servir) estiverem corretas, são notícias incrivelmente boas e sinalizam uma oportunidade gigantesca para a igreja. Por quê?

Voltemos ao exemplo do Michael Jordan. Quando o jogo estava a perigo e os Bulls viam que Michael estava na área — fazendo cestas quando quisesse e defendendo quase perfeitamente, — eles sabiam que tinham uma estratégia.

Passar a bola para Michael.

Na sua essência, essa é a mesma estratégia que a igreja precisa para seguir com os que estão no Movimento 3. As pessoas espiritualmente "em brasa" precisam muito pouco da igreja para crescer — muito pouco, pelo menos, em termos de novos programas de estudo bíblico ou de reuniões de adoração. Elas precisam que a igreja passe a bola para eles.

Os que estão no Movimento 3 precisam de muito encorajamento e treinamento que tragam à tona os comportamentos espirituais tão bem alinhados com o coração. Elas precisam de oportunidade para expandir as experiências com o serviço e o evangelismo além do cardápio típico de opções ministeriais de uma igreja. Elas precisam que a igreja os inclua em plena parceria no pacto divino de cumprir a Grande Comissão de Cristo. No espírito da história de Michael Jordan, as pessoas centradas em Cristo são a bola do jogo para o Reino. Inspirar, treinar, encorajar e equipar essas pessoas com oportunidades de servir aos perdidos e sem recursos deve ser nossa prioridade número um.

Ao ouvir os dados do Movimento 3, o pastor de uma igreja que participou das primeiras fases da pesquisa fez uma observação que vai direto ao ponto: "Gasto 80% do meu tempo e recursos com pessoas que estão nos estágios iniciais de crescimento. Vocês estão me dizendo que, se gastasse 80% com pessoas centradas em Cristo, elas seriam minhas parceiras e me ajudariam a desenvolver todas as pessoas que estão bem no começo da jornada espiritual". Absolutamente correto.

As pessoas centradas em Cristo são a bola do jogo. Essa foi a constatação de maior envergadura que brotou da pesquisa inicial conduzida em 2004, quando a única igreja no levantamento foi a Willow Creek. Esse também foi o dado mais importante quando expandimos nossa pesquisa para sete igrejas no começo de 2007. Até este momento já fizemos o levantamento com 200 igrejas, e a notícia principal é a mesma — pessoas que estão no segmento Centrado em Cristo são a principal fonte de impacto vigoroso para a Igreja e o Reino.

CRESCIMENTO ESPIRITUAL — É POSSÍVEL MANTER A SIMPLICIDADE DA COISA?

É um processo complexo, tão singular quanto individual.

O crescimento espiritual não é linear nem previsível (gráfico 3-15). É um processo complexo, tão singular quanto individual, e progride no ritmo ditado pelas circunstâncias de cada pessoa e pela atividade do Espírito Santo. Essa observação, embora seja válida, dá a impressão de que o crescimento espiritual é muito complicado — difícil de entender, difícil de prover recursos e apoio, impossível de medir. O incentivo dado pela nossa mais recente pesquisa é que, embora o crescimento espiritual seja complexo, parece haver uma simplicidade em sua progressão geral que pode nos ajudar a pensar nele de maneira diferente, a fazer uma melhor provisão de recursos e a dar estímulos de maneira mais produtiva.

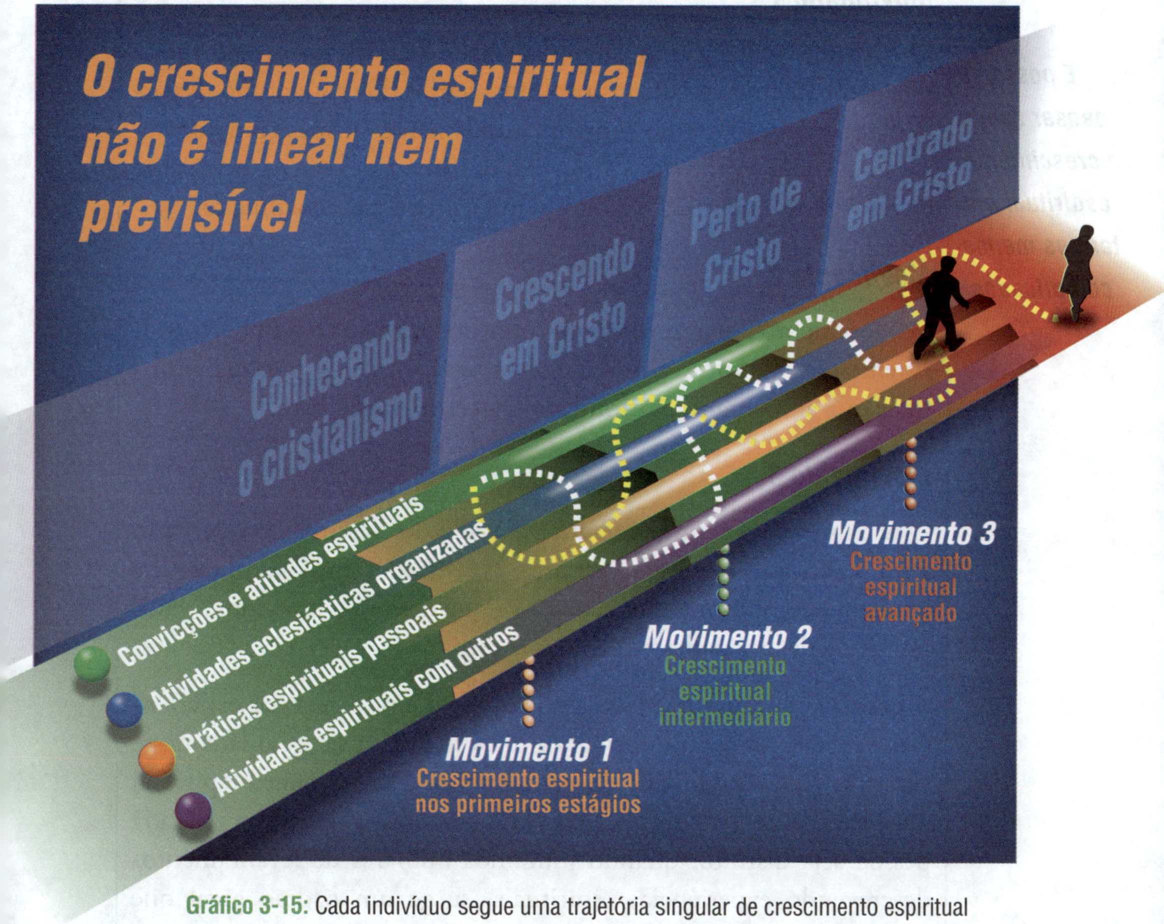

Gráfico 3-15: Cada indivíduo segue uma trajetória singular de crescimento espiritual

Nossos dados sugerem que, independentemente de onde alguém está na escalada espiritual, a jornada é de alguma maneira influenciada pelas quatro categorias de catalisadores espirituais: convicções e atitudes espirituais, atividades eclesiásticas, práticas espirituais pessoais e atividades espirituais com outras pessoas.

Nossos dados também sugerem que os catalisadores espirituais geralmente são progressivos e estão correlacionados com três movimentos espirituais.

Movimento 1

É possível pensar sobre o crescimento espiritual em termos menos complicados.

O Movimento 1 é o movimento inicial do crescimento espiritual e está intimamente vinculado aos fundamentos do cristianismo. É particularmente importante construir fundamentos firmes com convicções e atitudes espirituais. O impacto das atividades eclesiásticas sobre o crescimento espiritual é o mais significativo neste movimento.

Movimento 2

O Movimento 2 é o movimento intermediário do crescimento espiritual e gira em torno de desenvolver uma rotina de práticas espirituais que alimentam a intimidade crescente com Cristo.

Movimento 3

O Movimento 3 é o movimento avançado do crescimento espiritual, feito de cristãos que estão "na área" e centrados em Cristo, que lhe renderam completamente o coração e que despejam seu amor a Jesus por meio de atividades espirituais externas.

A despeito da complexidade e do contexto emocional das experiências pessoais, talvez a informação mais sucinta a ser guardada deste capítulo é a possibilidade de pensar sobre o crescimento espiritual em termos menos complicados. Pois, embora o caminho de cada pessoa seja distinto, quando juntamos milhares de levantamentos descrevendo experiências espirituais, surge um padrão geral que transcende os resultados individuais.

Embora reconheçamos que o processo de crescimento espiritual é singular para cada pessoa e também reconheçamos que sempre haverá uma enorme dimensão sem explicação para a espiritualidade, a simplicidade dos três movimentos espirituais fornece algo sobre o que atuar — com um nível alto de confiança de que nossas decisões farão diferença na vida das pessoas a que servimos.

NO CAPÍTULO 2 APRESENTAMOS os três movimentos espirituais usando a metáfora de uma sinfonia espiritual. Mas a maioria das sinfonias tem quatro movimentos, não três. Igualmente, a escalada espiritual de fato tem um quarto movimento. Nós o chamamos de "movimento perdido" (gráfico 3-16).

O Movimento perdido precede o Movimento 1. Pelo fato de termos concentrado nossa pesquisa em pessoas que frequentam igrejas, temos poucos dados sobre pessoas que não vão à igreja — aqueles que descrevemos como "Longe de Deus". Assim, não temos nada além de especulações a respeito do que prediz o movimento de Longe de Deus para Conhecendo o cristianismo.

Embora tenhamos planos de algum dia pesquisar melhor o segmento Longe de Deus, temos algumas hipóteses iniciais a respeito dos maiores obstáculos que impedem a fé (gráfico 3-17). Com base nas observações feitas estudando o segmento Conhecendo o cristianismo, cremos que estes são os cinco catalisadores essenciais que estimulam o crescimento espiritual dos que estão no segmento Longe de Deus.

Os cinco catalisadores essenciais

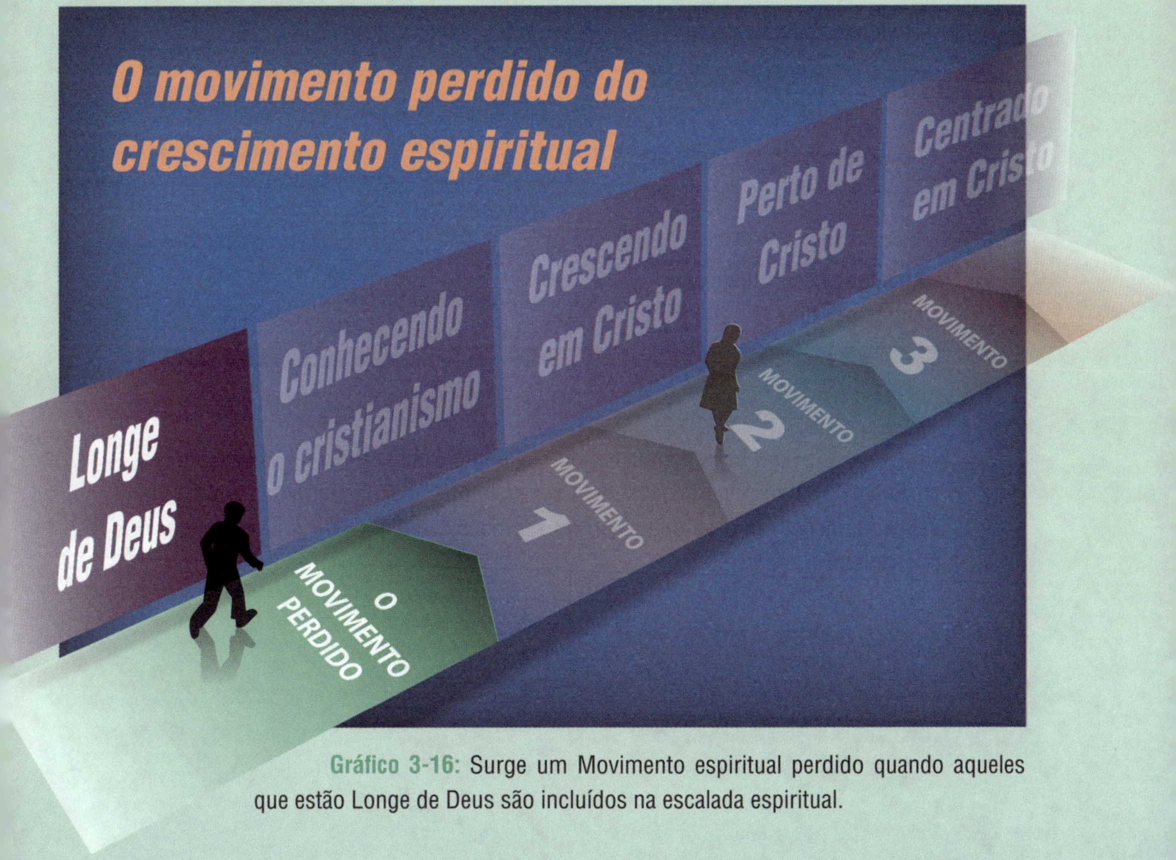

Gráfico 3-16: Surge um Movimento espiritual perdido quando aqueles que estão Longe de Deus são incluídos na escalada espiritual.

O Movimento perdido (cont.)

Nossa hipótese é que o maior impedimento para este grupo é crer na Trindade ("Creio que o Deus da Bíblia é o único e verdadeiro Deus — Pai, Filho e Espírito Santo). Vemos evidências de que esse obstáculo pode ser superado com a influência de amigos espirituais, a experiência de orações atendidas, ouvir mensagens nos cultos de fins de semana e exposição às Escrituras.

O Movimento perdido é um ponto nevrálgico, no qual a igreja pode unir forças com pessoas centradas em Cristo para fazer progredir a mensagem da fé àqueles com menor chance de se sintonizarem.

O Movimento perdido:
Longe de Deus para Conhecendo o cristianismo

Indo de Longe de Deus para Conhecendo o cristianismo	
Convicções e atitudes espirituais	A Trindade
Atividades eclesiásticas	Cultos nos fins de semana
Práticas espirituais pessoais	Oração em busca de orientação (*de raro a ocasional*) Reflexão nas Escrituras (*de nunca a raramente*)
Atividades espirituais com outras pessoas	Amizades espirituais

Gráfico 3-17: Com base nos dados do segmento Conhecendo o cristianismo, os cinco catalisadores espirituais podem ser os fatores mais importantes que provavelmente incentivarão os que estão no segmento Longe de Deus a considerar o cristianismo.

CALLY PARKINSON

SIGA-ME

4 AS BARREIRAS AO CRESCIMENTO ESPIRITUAL

DUAS BARREÍRAS AO PROGRESSO

barreiras

A JORNADA ESPIRITUAL não está livre de frustrações. Muitos que frequentam as igrejas saíram dos trilhos no relacionamento com Deus ou com a igreja. Como isso acontece? Quais são as barreiras que se interpõem no caminho do crescimento espiritual? E o que se pode fazer a esse respeito?

4

AS BARREIRAS AO CRESCIMENTO ESPIRITUAL

Em outubro de 1947, Chuck Yeager tornou-se a primeira pessoa a quebrar a barreira do som, voando a mais de 1.200 quilômetros por hora em uma altitude de quase 14 quilômetros. Essa façanha foi realizada devido a melhorias no *design* da aeronave, que resolveram problemas aerodinâmicos geradores de falhas no funcionamento do avião, ou mesmo desastres quando se aproximavam da barreira do som. A aviação moderna faz a transição para a barreira do som rotineiramente com o mínimo de perturbação. Entretanto, a viagem tranquila de hoje depende de ter o equipamento certo e um piloto bem treinado.

O crescimento espiritual enfrenta sua própria versão da barreira do som. De fato, nossa pesquisa descobriu duas barreiras principais que geram choques danosos e graves turbulências ao longo da jornada espiritual. Praticamente todos os que entrevistamos passaram por uma dessas barreiras em algum ponto de seu desenvolvimento espiritual. Como o sucesso na quebra da barreira no voo de alta velocidade, descobrimos que navegar com sucesso além dessas barreiras depende, em larga medida, se o nível de treinamento e a qualidade do equipamento espiritual é condizente com as necessidades.

Nossa pesquisa descobriu duas barreiras principais que geram choques danosos e graves turbulências ao longo da jornada espiritual.

A primeira barreira é uma experiência conhecida de muitos seguidores de Cristo — a barreira da estagnação.

BARREIRA 1: "ESTOU ESTAGNADO ESPIRITUALMENTE"

"Quero largar tudo!"

Essas palavras são conhecidas pela maioria dos pais. Quando nossos filhos encaram uma tarefa difícil demais ou um treinador exagera nas exigências, às vezes eles sentem vontade de jogar tudo para o alto. Nesse caso, a frustração da minha filha de doze anos com as aulas de piano chegou ao ponto de fervura. "Quero largar tudo!", ela disse depois de uma aula particularmente difícil.

Estagnar é ficar preso, atolado, impedido ou lento.

O que os pais devem fazer? Até chegar a esse momento, ela adorava tocar piano, mas agora isso tinha virado fonte de ansiedade e criava atritos entre ela a professora. Ela ficou irritada com o piano, irritada com a professora e, acima de tudo, irritada e decepcionada consigo mesma. É certo que ela tinha começado a patinar, estagnar, e pareceu mais fácil desistir do que descobrir como sair do atoleiro.

Estagnar é ficar preso, atolado, impedido ou lento. Todos sabemos como é frustrante sentir-se assim. Basta pensar na última vez que você tentou dar partida no seu carro e tudo que conseguiu ouvir foi a ignição raspando porque o motor não conseguiu pegar. Você ficou no mesmo lugar e não conseguiu chegar onde queria, e isso provavelmente o deixou exasperado.

Aqueles que estão estagnados espiritualmente sentem uma frustração semelhante. Um bloqueio no ímpeto espiritual põe essas pessoas em posição difícil, e agora elas ficam diante de decisões inesperadas ou desagradáveis que precisam tomar a respeito do que fazer para voltar aos trilhos. Infelizmente, ao contrário do carro emperrado — em algum momento você chegará aonde estava indo —, pessoas espiritualmente estagnadas podem tomar a decisão de desistir definitivamente e evitar decisões difíceis que são necessárias para retomar a jornada na direção de Cristo. Quanto maior a intensidade da frustração, mais provável é a desistência.

Mais de um em cinco (22%) dos entrevistados (80 mil pessoas de mais de 200 congregações) descrevem que seu crescimento espiritual está "emperrado". Eles tinham a opção de selecionar três outras declarações para descrever seu crescimento espiritual, incluindo "estou num estado de crescimento espiritual acelerado", ou "estou num estado de crescimento espiritual aceitável", ou "estou satisfeito com meu crescimento espiritual". Mas elas escolheram "estou estagnado espiritualmente".

A estagnação está presente em todos os segmentos ao longo da escalada espiritual, mas a maioria das pessoas está nos dois primeiros segmentos do crescimento espiritual (gráfico 4-1).

Pessoas espiritualmente estagnadas podem tomar a decisão de desistir definitivamente.

Pessoas que afirmam "Estou estagnado espiritualmente" estão em sua maioria nos primeiros segmentos do crescimento espiritual

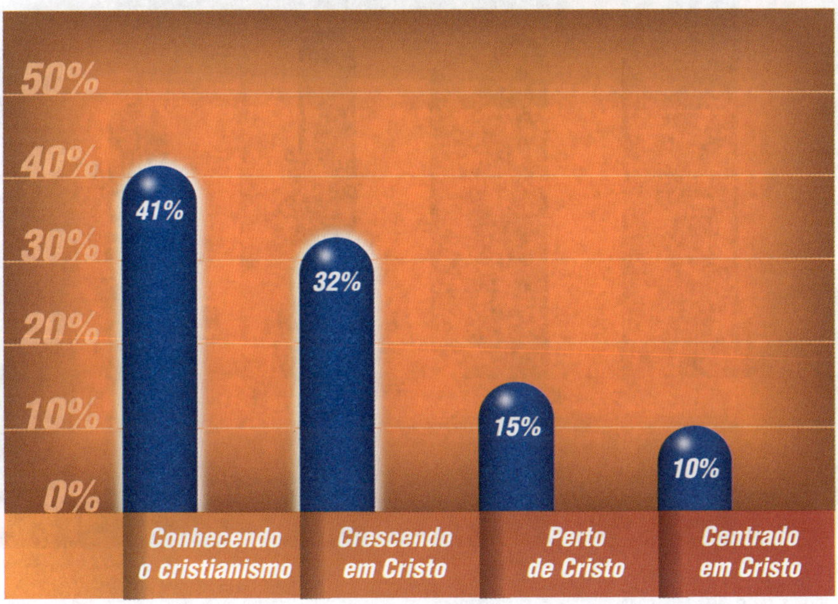

Gráfico 4-1: A maior porcentagem de pessoas que dizem "Estou estagnado espiritualmente" está nos segmentos Conhecendo o cristianismo e Crescendo em Cristo (em destaque). Isso significa que a estagnação espiritual tem probabilidade muito maior de acontecer no Movimento 1.

Os obstáculos ocorrem especialmente no começo da jornada.

Isso sugere que os obstáculos que fazem as pessoas estagnar espiritualmente ocorrem especialmente no começo da jornada. Esses obstáculos não parecem estar relacionados às convicções e às atitudes fundamentais. A concordância com as convicções cristãs centrais, como a Trindade e a salvação pela graça, é semelhante para os estagnados e os não estagnados. Entretanto, não é enfática a concordância com as convicções a respeito de um Deus pessoal e da autoridade da Bíblia (gráfico 4-2).

As convicções cristãs centrais dos estagnados são semelhantes às convicções dos não estagnados

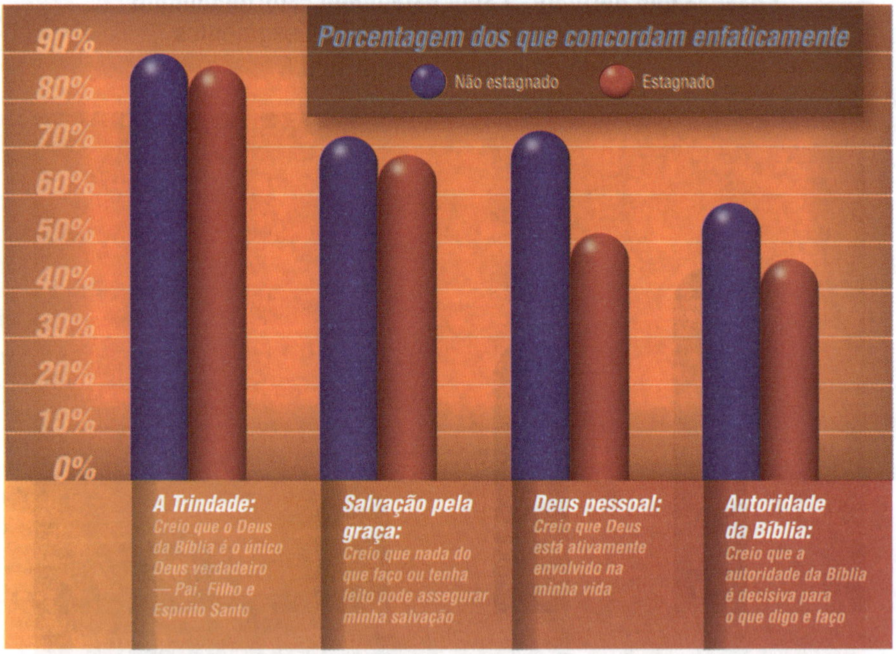

Gráfico 4-2: Comparando as respostas "Concordo enfaticamente" às quatro convicções centrais do cristianismo, os estagnados são bastante semelhantes aos não estagnados na convicção a respeito da Trindade e da salvação pela graça. É mais provável que as respostas com baixo percentual em relação à convicção em um Deus pessoal e na autoridade da Bíblia se devam à falta de maturidade como cristão do que à estagnação.

O padrão de concordância com as convicções faz sentido quando lembramos que as pessoas espiritualmente estagnadas estão principalmente no Movimento 1. As duas primeiras convicções são extremamente influentes no Movimento 1, enquanto as duas convicções seguintes tendem a ter mais influência à medida que as pessoas avançam pelos Movimentos 2 e 3 (gráfico 2-4). Assim, tem lógica o grupo estagnado acreditar de maneira tão vigorosa na Trindade e na salvação pela graça quanto o grupo não estagnado, mas de maneira não tão vigorosa na verdade de um Deus pessoal e na autoridade da Bíblia. Isso se deve mais ao nível baixo de desenvolvimento espiritual (estar no Movimento 1) do que à estagnação.

As pessoas espiritualmente estagnadas estão principalmente no Movimento 1.

Os estagnados relatam um número maior de barreiras significativas do que os não estagnados

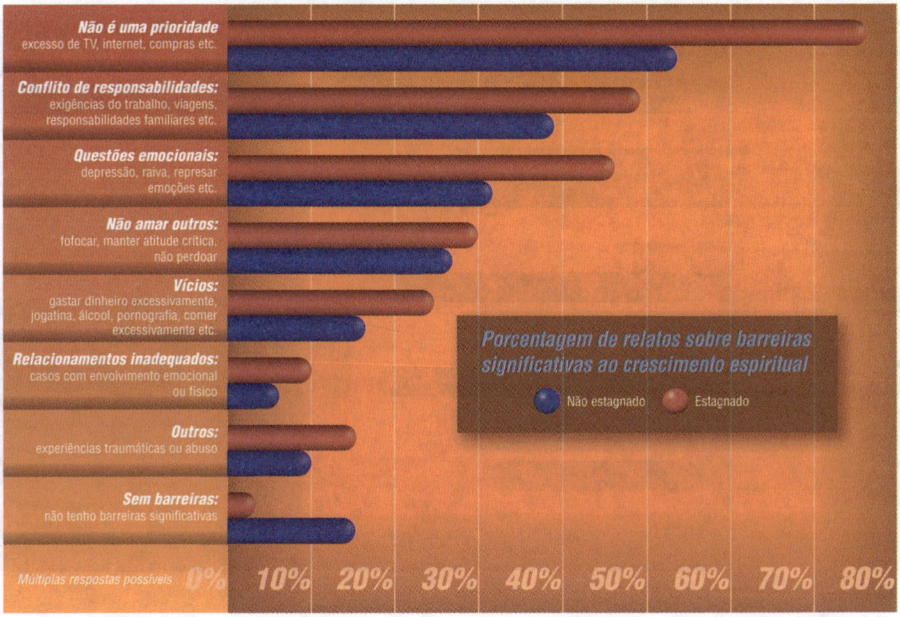

Gráfico 4-3: Os estagnados relatam ter número bem maior de barreiras pessoais ao crescimento e também dizem com elevada frequência que o crescimento espiritual "não é uma prioridade". Isso sugere que a combinação de uma vida espiritual com baixa prioridade e questões pessoais fazem a vida espiritual estagnar.

Problemas emocionais, vícios e relacionamentos inadequados formam barreiras para o crescimento.

Então, o que faz pessoas que acreditam firmemente em Deus, e na salvação pela graça, estagnar espiritualmente? Descobrimos que os estagnados têm mais probabilidade do que as demais pessoas de relatar "barreiras significativas" (gráfico 4-3). Elas relatam que questões como problemas emocionais, vícios e relacionamentos inadequados formam barreiras para o crescimento, causando rompimentos e turbulências em seu progresso espiritual. Mas, de longe, a barreira mais significativa é "não ter o crescimento espiritual como prioridade".

Aqueles que estagnaram relatam níveis bem mais baixos de práticas espirituais pessoais do que os não estagnados

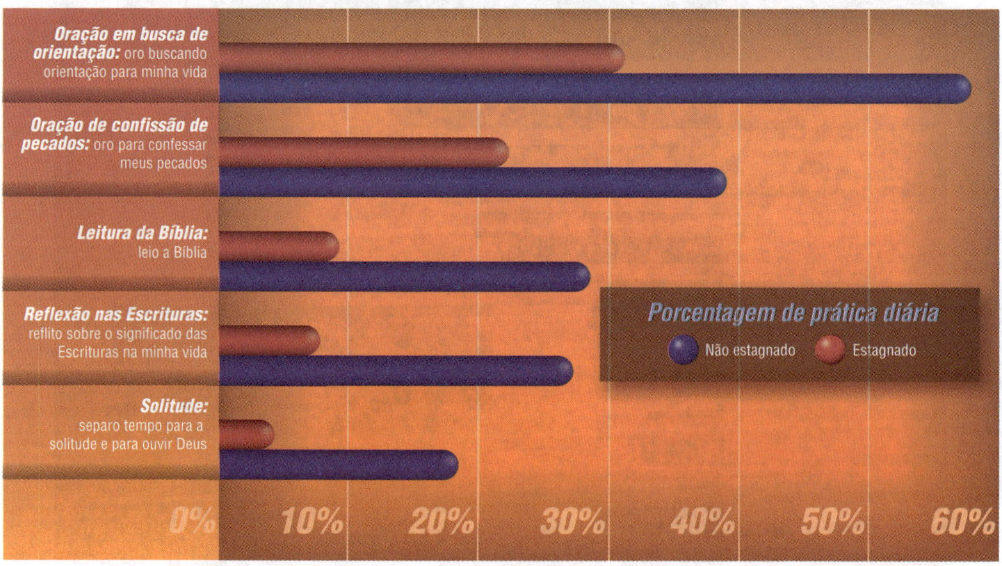

Gráfico 4-4: Os estagnados relatam níveis muito baixos de envolvimento com as práticas espirituais pessoais. Isso é consistente com as respostas muito frequentes de que o crescimento espiritual "não é prioridade".

O fato de os estagnados não fazerem do crescimento espiritual uma prioridade é reforçado por outro dado — que os estagnados relatam níveis notoriamente rebaixados de práticas espirituais pessoais em relação aos não estagnados (gráfico 4-4). Esse baixo investimento de tempo no desenvolvimento espiritual pessoal parece ser um reflexo direto de o grupo dos estagnados admitir que "não fazer do crescimento espiritual uma prioridade" é uma barreira significativa para eles. As porcentagens extremamente baixas de leitura diária e reflexão nas Escrituras (cada uma com menos de 10%) representam uma preocupação vital, considerando a importância da influência da Bíblia sobre o crescimento espiritual (gráfico 2-7).

"Não fazer do crescimento espiritual uma prioridade" é uma barreira significativa.

Esses dados sobre o grupo dos estagnados são consistentes com nossa pesquisa anterior. Com base nos primeiros trabalhos, sugerimos que as pessoas estagnadas talvez estivessem despreparadas para enfrentar os desafios da vida porque o relacionamento delas com Cristo não está ancorado a um ritmo consistente de práticas espirituais. Quando chegam as tempestades da vida, é possível que as raízes da fé estejam fracas demais, e a jornada espiritual fique estagnada por causa da frustração e das dúvidas a respeito da fidelidade de Deus (Mateus 13.6). Raízes fracas fazem a fé ressecar, e é isso que encontramos no segmento estagnado.

Agora temos dados que nos trazem percepções sobre o que é necessário para tirar as pessoas da estagnação.

Perguntamos a todos os que participaram do último levantamento se em alguma época da jornada espiritual eles estagnaram. Quase todos responderam que sim. Então, perguntamos o que os tirou da estagnação. A maioria disse ter vencido a estagnação retomando práticas espirituais pessoais (gráfico 4-5).

Embora não saibamos o que desencadeou a decisão de retomar as práticas espirituais pessoais, sabemos que essas práticas foram responsáveis por colocar as pessoas de volta nos trilhos do crescimento espiritual.

O motivo de isso ser verdadeiro pode ser explicado se revisitarmos a história da comoção da minha filha com as aulas de piano.

Ela estava inflexível, dizia que seus dias de piano haviam terminado. Para ser honesta, não estava me importando se ela continuaria ou não com as aulas. Eu só não queria que ela desistisse por causa da sensação de frustração e fracasso. Em uma de minhas mais brilhantes jogadas como mãe, concordei na hora, com uma condição. Pedi que ela passasse vinte minutos, todos os dias da semana seguinte, praticando no piano. Se ela fizesse isso e ainda saísse da aula seguinte convencida a desistir, eu daria apoio à sua decisão.

As pessoas saem da estagnação retomando as práticas espirituais

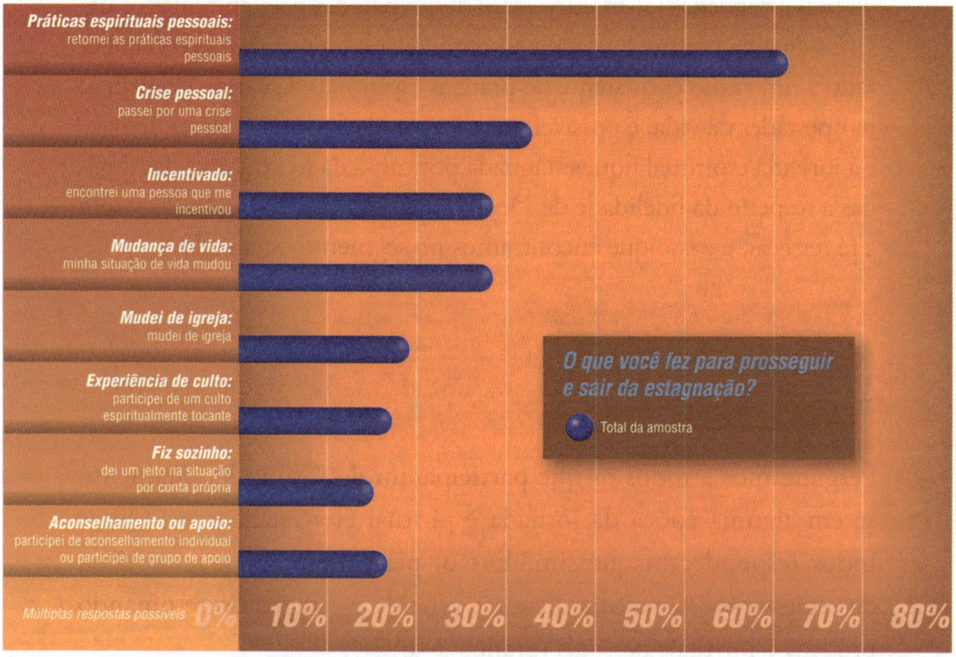

Gráfico 4-5: Praticamente todos os entrevistados relataram ter estagnado na jornada espiritual. Quando perguntamos como saíram da estagnação, a resposta mais frequente até agora foi a retomada das práticas espirituais. Somente metade das pessoas marcou a segunda resposta mais frequente, "passei por uma crise pessoal".

Ela concordou, e não desistiu. De fato, ela continuou estudando piano até ir para a faculdade, seis anos depois. Houve uns poucos solavancos de frustração no meio do caminho, mas assim que ela se aprumava e retomava a disciplina da prática diária, ela voltava aos trilhos. Por que isso funcionou? Porque ela adorava música. Ela adorava tocar piano e a música que ele produzia. Tocar piano se alimentou de uma paixão que foi retomada por uma disciplina renovada de prática diária.

As práticas espirituais foram responsáveis por colocar as pessoas de volta nos trilhos.

A mesma dinâmica pode explicar o poder que as práticas espirituais têm de catalisar o crescimento em um coração espiritualmente estagnado. A retomada das práticas espirituais pessoais reacende o amor a Cristo e a fé em seu amor por nós. Crer neste amor e na fidelidade de Deus é o que mantém nosso vigor diante dos fardos e pressões da vida.

Os eventos traiçoeiros da vida podem ser duros e podem acontecer em qualquer ponto ao longo da escalada espiritual. Os dados a respeito do grupo estagnado testemunham sobre a importância de estabelecer um ritmo consistente de práticas espirituais em nossa vida. Todos estamos vulneráveis à estagnação. As práticas espirituais pessoais reforçam nossa fé por nos lembrarem constantemente da presença de Deus em nossa vida, que é a maior garantia de todas que não ficaremos estagnados espiritualmente.

BARREIRA 2: "ESTOU INSATISFEITO"

Lembre-se de quando tomou a decisão de qual faculdade ou seminário fazer, ou qualquer outro tipo de educação e treinamento continuados. Provavelmente você escolheu uma instituição com base em alguns fatores — custo, localização, tamanho, ambiente do *campus*, especialização na área escolhida, reputação etc. Esses fatores serviram de filtro para sua decisão de se matricular em uma instituição específica com o propósito de obter crescimento acadêmico, além de desenvolvimento profissional e pessoal.

17% das pessoas expressam algum nível de insatisfação com a igreja.

Essa decisão acabou se tornando uma experiência real. Desde o primeiro dia — dar uma olhada nos colegas e encontrar as salas de aula — você julgou a satisfação com a experiência comparando-a com as expectativas estabelecidas pelos fatores que guiaram sua decisão original. Assim, se sua escolha se baseou na especialização que a instituição tem na área que você escolheu, mas seus professores eram desanimadores e insossos, é provável que você não tenha ficado muito feliz.

É a isso que a satisfação e a insatisfação se referem. São julgamentos pessoais: a experiência foi além da expectativa, foi satisfatória ou ficou aquém?

O que dá forma às experiências na igreja? É uma pergunta crucial, pois a pesquisa mostra que uma porcentagem relativamente alta de pessoas — 17% — expressa algum nível de insatisfação com sua igreja. A insatisfação não se concentra em questões marginais como estacionamento insuficiente, música alta ou bancos desconfortáveis. As pessoas estão insatisfeitas especificamente com "como a igreja me ajuda a crescer espiritualmente". Isso significa que elas enxergam a igreja como um obstáculo, não como facilitadora do desenvolvimento espiritual.

As pessoas insatisfeitas estão presentes em todos os segmentos

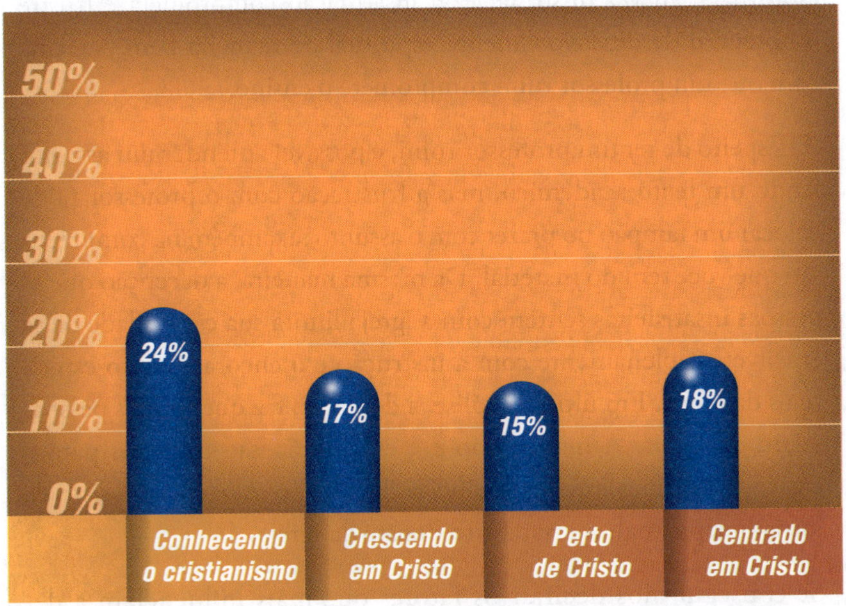

Gráfico 4-6: As pessoas insatisfeitas com o papel da igreja em seu desenvolvimento espiritual estão distribuídas de maneira bastante uniforme nos quatro segmentos espirituais. No total, 17% dos entrevistados expressaram algum tipo de insatisfação com a igreja.

Existem pessoas insatisfeitas em todos os segmentos da escalada espiritual, por isso a igreja está deixando de atender as expectativas do grupo insatisfeito em todos os movimentos espirituais, e isso na mesma medida (gráfico 4-6).

Sendo uma barreira ao crescimento espiritual, a insatisfação é um tanto diferente da estagnação. O crescimento espiritual fica totalmente obstruído para quem está estagnado, o que não necessariamente é o caso do insatisfeito. Nossos dados mostram que os padrões de convicções, atitudes e práticas espirituais dos insatisfeitos são comparáveis aos dos que possuem maturidade espiritual semelhante e que não estão insatisfeitos com o papel da igreja em seu desenvolvimento espiritual.

A insatisfação compromete e frustra o potencial de desenvolvimento espiritual.

Assim, a insatisfação não é uma barreira que impede o crescimento espiritual. Em vez disso, talvez a insatisfação comprometa e frustre o potencial de desenvolvimento espiritual de maneira bem parecida com que um professor ruim compromete o ensino.

A despeito de ter um professor ruim, é possível aprender um assunto lendo um texto acadêmico, mas a frustração com o professor pode colocar um tampão no prazer com o assunto, e também na compreensão que você tem do material. Da mesma maneira, a decepção que as pessoas insatisfeitas sentem com a igreja limita sua capacidade de se envolverem plenamente com a instrução e o encorajamento espirituais da igreja. Em última análise, a decepção faz que muitas pessoas saiam da igreja. A insatisfação e a estagnação são barreiras para o crescimento, mas as consequências diferem: o estagnado desiste da jornada espiritual; o insatisfeito desiste da igreja.

O culto no fim de semana é a atividade eclesiástica mais fortemente correlacionada com a satisfação em relação à igreja.

Se conseguirmos decifrar os fatores que mais influenciam a definição das expectativas que as pessoas têm em relação à igreja, conseguiremos identificar quais fatores mais influenciam a satisfação ou a insatisfação. É importante notar que o fator que mais influencia a satisfação tenderá a ser o mesmo fator que mais influencia a insatisfação. Em outras palavras, a chave para entender a fonte da insatisfação é entender qual fator é mais importante para uma pessoa quando julga a qualidade da experiência. Qual fator é mais significativo para estabelecer as expectativas em relação à maneira de a igreja ser?

Podemos identificar a insatisfação com a igreja examinando as atividades da igreja mais fortemente correlacionadas à satisfação das pessoas em relação ao papel de facilitadora que a igreja desempenha no crescimento espiritual. Por uma larga margem, o culto no fim de semana é a atividade eclesiástica mais fortemente correlacionada com a satisfação em relação à igreja. Na verdade, o culto no fim de semana é quatro vezes mais importante para a satisfação das pessoas com a igreja do que todas as outras atividades eclesiásticas. Usando a analogia da escolha de uma faculdade, seria parecido com selecionar uma escola por causa da sua especialização na área que você escolheu a despeito de outros fatores negativos, como o custo da escola estar bem acima do que você pode pagar, o ambiente do *campus* não ser atraente, e ser mais longe da sua casa do que você gostaria. A qualidade da escola, comparada com suas expectativas em relação à especialização na sua área de escolha, é crucial para definir sua satisfação com a experiência de estar naquela escola, porque esse fator é para você muitas vezes mais importante do que os outros.

Com base em nossa pesquisa, o culto no fim de semana é um fator que paira sobre todos na importância para a satisfação das pessoas com a maneira de a igreja ajudá-las a crescer espiritualmente. Então, podemos concluir que, se o culto no fim de semana está produzindo boa parte da satisfação com a igreja, é também a fonte de boa parte da insatisfação.

Fontes de insatisfação

O que as pessoas insatisfeitas querem do culto de fim de semana? O gráfico 4-7 compara como o grupo insatisfeito determina a importância dos dez elementos associados à experiência do culto de fim de semana, e sua satisfação com ele.

A primeira coluna do gráfico lista, em ordem de importância, a porcentagem do grupo insatisfeito que avaliou cada elemento como "vital" ou "muito importante". Isso é análogo às observações que fizemos a respeito da definição das expectativas. Os fatores enumerados como mais importantes são os que mais influenciam na formação das expectativas do grupo insatisfeito em relação ao culto do fim de semana.

Fontes de insatisfação com os cultos no fim de semana (somente o grupo insatisfeito)

Dez elementos dos cultos de fim de semana	Importância[1]	Satisfação[2]	A LACUNA[3]
Incorpora ensino bíblico relevante que me ajuda no dia a dia	87%	32%	55%
É desafiador ou me faz pensar	84%	30%	54%
Usa as Escrituras com frequência	81%	41%	40%
Provê estudo aprofundado da Bíblia	72%	19%	53%
Incorpora música de adoração e canto congregacional de maneira efetiva	68%	50%	18%
Diz qual é o próximo passo — coisas que posso fazer em resposta	60%	20%	40%
Dá oportunidade para reflexão e para oração responsiva	55%	22%	33%
Incorpora histórias e testemunhos de pessoas de verdade	45%	37%	8%
Disponibiliza ferramentas (impressos, internet) para que eu possa internalizar as mensagens durante a semana	38%	35%	3%
Incorpora elementos criativos, como encenações, dança ou vídeo	27%	50%	-23%*

[1] Porcentagem dos que classificaram as declarações "vital" ou "muito importante" [2] Porcentagem do que disseram "extremamente satisfeito" ou "muito satisfeito" [3] Importância menos a satisfação

* Lacuna negativa que indica ser a satisfação maior do que a importância.

Quadro 4-7: Os insatisfeitos com o papel da igreja em seu crescimento espiritual colocaram em ordem de importância dez elementos associados aos cultos de fim de semana, indicando importância e satisfação. A satisfação foi subtraída da importância para determinar as maiores lacunas, indicando áreas de oportunidade para a estratégia da igreja.

A segunda coluna mostra a porcentagens dos que estavam "extremamente satisfeitos" ou "muito satisfeitos" com a maneira de vivenciar esses elementos nos cultos de fim de semana em suas igrejas. Na terceira coluna, subtraímos a satisfação da importância, para compreendermos melhor onde está a maior margem de erro da igreja, de acordo com os insatisfeitos. Seguem duas percepções importantes surgidas dessa análise.

Três elementos do culto no fim de semana são mais importantes. Mais de 80% do grupo insatisfeito classificou estes três elementos como "vitais" ou "muito importantes" para sua vivência do culto no fim de semana:

- *Incorpora ensino bíblico relevante que me ajuda no dia a dia*
- *É desafiador ou me faz pensar*
- *Usa as Escrituras com frequência*

Esses fatores têm importância muito maior do que os outros e, assim, parece que dão o tom para as expectativas do grupo insatisfeito. É importante notar: todos — independentemente do nível de satisfação — classificaram os mesmos três elementos do culto no fim de semana como os mais importantes. Isso significa que esses três elementos são os mais essenciais na formação das expectativas para todos, não apenas para o grupo dos insatisfeitos.

Três elementos do culto do fim de semana mostram lacunas significativas entre importância e satisfação. Baseado apenas nas respostas do grupo insatisfeito (gráfico 4-7), há lacunas significativas entre importância e satisfação para três elementos do culto do fim de semana:

- *Incorpora ensino bíblico relevante que me ajuda no dia a dia*
- *É desafiador ou me faz pensar*
- *Provê estudo aprofundado da Bíblia*

Essas são as principais fontes de descontentamento para o grupo insatisfeito, e podem se tornar a oportunidade mais significativa de reduzir a insatisfação com a igreja. É importante notar que estes fatores também são os elementos que apresentam as maiores lacunas entre importância e satisfação para os satisfeitos com o papel da igreja em seu crescimento espiritual. Direcionar mais recursos para dar conta desses três elementos seria uma medida para preencher as lacunas manifestadas por praticamente todas as pessoas, independentemente de seu nível de satisfação ou insatisfação.

Mas sejamos claros

As lacunas acima de 50% dos insatisfeitos (gráfico 4-7) são bem maiores dos que as dos satisfeitos com a igreja. As pessoas que estão felizes com o papel da igreja em seu crescimento espiritual naturalmente expressam um alto nível de satisfação com a atividade eclesiástica mais importante: os cultos do fim de semana. Embora esses três elementos sejam as expectativas mais importantes entre as que não são atendidas, as lacunas entre importância e satisfação para os satisfeitos com o papel da igreja em seu crescimento espiritual estão entre 10% e 12%, comparadas com lacunas acima de 50% para os insatisfeitos.

Essas três lacunas refletem áreas de fragilidade generalizada na igreja.

A percepção mais importante desta análise é que essas três lacunas refletem área de fragilidade generalizada na igreja, e essa fragilidade não está restrita aos que expressam insatisfação. Em outras palavras, tratar das três expectativas não atendidas expressas pelos insatisfeitos para os cultos dos fins de semana teria ressonância com todas as pessoas, independentemente de seu nível de satisfação, e sem importar em que estágio elas estão na jornada espiritual.

Entendendo os insatisfeitos

Com base nessas observações sobre as origens da insatisfação, somadas aos dados adicionais de nossa análise ao segmento, apresentamos cinco motivos que nos fazem pensar que a igreja deve considerar o grupo insatisfeito como um grupo de alto valor, uma oportunidade de impacto vigoroso:

Acendem uma luz indicando onde devemos olhar. Os insatisfeitos acendem uma luz direcionada para as origens primárias do descontentamento com a igreja, mas a visão deles quanto às fragilidades da igreja é, em certa medida, compartilhada por todos. O fato de que satisfeitos e insatisfeitos concordam com a importância dos mesmos elementos dos cultos do fim de semana e também com as três expectativas não atendidas, é uma indicação de que o grupo insatisfeito pode apontar as melhorias que promoverão o crescimento espiritual de todos. Isso sugere que devemos prestar atenção aos *e-mails* de reclamação quando vemos padrões consistentes na origem dos resmungos; parece que os insatisfeitos podem ser o indicativo do ponto de vista de toda a congregação sobre quais mudanças a igreja precisa.

Os insatisfeitos não são pessoas cronicamente negativas.

São mal compreendidos. Quando penso no grupo de insatisfeitos, a imagem que vem à mente é a do Zangado, um dos sete anões da Branca de Neve. Imagino o grupo de insatisfeitos como uma multidão de Zangados — ranhetas, chatos, reclamões e, de maneira geral, seres humanos sem graça.

Mas nossa análise mostra que essa imagem não é precisa. Os insatisfeitos não são pessoas cronicamente negativas. De fato, a maioria deles demonstra ter fé ardorosa e coração de servo. Além disso, a análise demográfica mostra que são consistentes com o restante da amostra, pois não são mais velhos nem mais novos do que o restante da população da igreja. E não são gente que costuma pular de uma igreja para outra: em média, a permanência deles na igreja é maior do que sete anos.

São pessoas fiéis que expressam expectativas não atendidas na igreja. Todos os dados de que dispomos dizem que devemos ouvi-los.

Não estão entrincheirados. "Assim como os pobres, eles sempre estarão conosco", disse um pastor ao descrever o grupo insatisfeito. Mas, de acordo com nossos dados, isso não é verdade. O grupo insatisfeito não está entrincheirado na frustração com a igreja. A evidência para isso é a ampla faixa das porcentagens de insatisfeitos em mais de 200 igrejas pesquisadas. A porcentagem mais alta de insatisfeitos para uma única congregação é de 42%; a menor porcentagem de insatisfeitos é de 6%. Embora nenhuma igreja tenha insatisfação nula, diversas igrejas têm porcentagens de apenas um dígito.

Essa faixa de porcentagem de insatisfação, de alta a baixa, aliada ao número de igrejas que estão na faixa inferior, sugere que é possível uma igreja influenciar e alterar os níveis de insatisfação entre seus congregados. E as boas-novas são que, aparentemente, a insatisfação pode ser reduzida se as necessidades expressas por toda a congregação forem atendidas. É como no ditado: "A maré nivela todo mundo por cima".

Não estão de saída. Perguntamos às pessoas se estavam "definitivamente" ou "provavelmente permanecendo na igreja", "definitivamente" ou "provavelmente saindo da igreja", ou "sem saber se permanece

Eles não estão de saída

ou sai". Embora 41% dos insatisfeitos tenham respondido que não sabiam ao certo se definitiva ou provavelmente sairiam ou permaneceriam, os outros 59% planejam permanecer na igreja. E o mais importante: a maior parte dos 41% — mais de dois terços — responderam que não estão seguros, por isso não estão com o pé fora da igreja, pelo menos ainda não. Ainda temos uma chance de recuperar essas pessoas como defensores da igreja, não como seus detratores.

Muitos são dedicados seguidores de Cristo. Mais de metade dos insatisfeitos vêm dos movimentos mais avançados do crescimento espiritual, e isso significa que eles estão entre os melhores evangelistas, contribuintes e voluntários. São pessoas profundamente comprometidas com Jesus Cristo, mas estão se debatendo com a igreja. Toda a pesquisa que fizemos aponta para o potencial impacto de apaixonados seguidores de Cristo. Se conseguirmos superar a barreira da insatisfação com a igreja, impediremos a perda decorrente da saída dessas pessoas. O mais importante é que podemos converter os críticos da igreja, as pessoas centradas em Cristo, em parceiros eclesiásticos plenamente envolvidos, fazendo progredir a obra do Reino e vez de proclamar seu descontentamento com o Reino.

Estas pessoas estão profundamente comprometidas com Jesus Cristo, mas estão se debatendo com a igreja.

A sobreposição dos insatisfeitos com os estagnados

A insatisfação pode se transformar em ímã para uma insatisfação maior. Umas poucas decepções podem anuviar nossa visão e criar a sensação antecipada de que mais contratempos estão por vir. "O céu está desabando" não é uma sensação incomum para pessoas que estão nesse tipo de ciclo desencorajador de abatimentos perceptíveis.

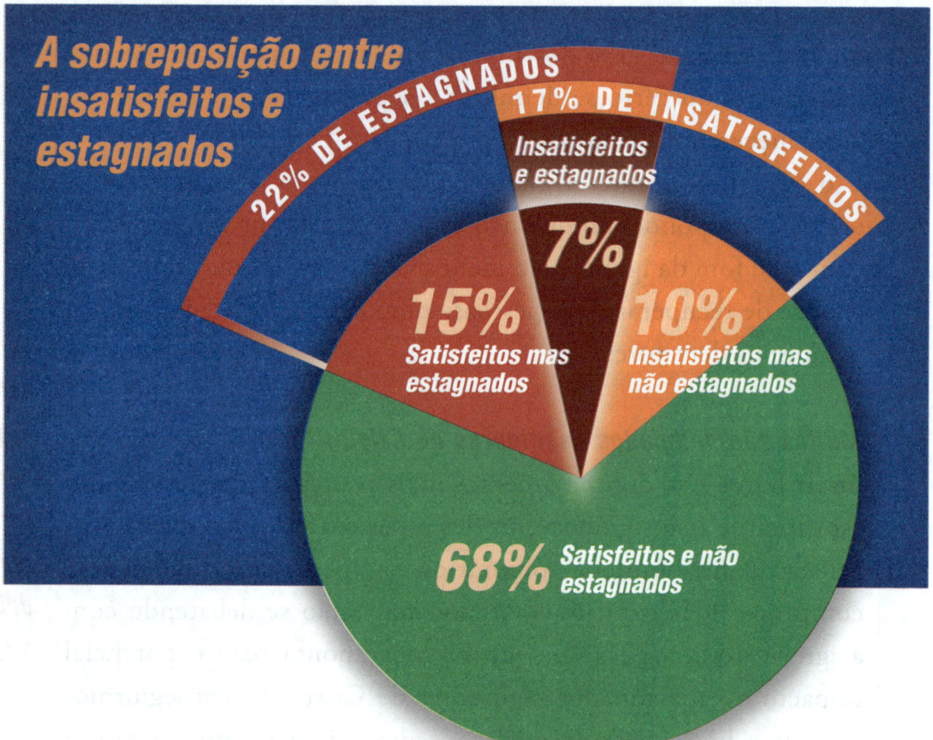

Gráfico 4-8: Há uma sobreposição entre os 17% de pessoas insatisfeitas e os 22% de pessoas estagnadas. Sete por cento do total da amostra é de insatisfeitos e estagnados. Se somadas, as seções em destaque dos estagnados e/ou insatisfeitos mostram que 32% (a soma de 15%, 7% e 10%) do total da amostra se encaixa nesses dois grupos.

Não é de surpreender que os dois segmentos espirituais mais desiludidos têm características comuns e, em certa medida, um se alimenta do outro. Se alguém estiver estagnado e infeliz com a própria vida espiritual, obviamente pode culpar a igreja por isso. Da mesma maneira, pelo fato de a igreja ser tão central para os primeiros estágios do crescimento espiritual, faz sentido que a insatisfação com a igreja tenha o potencial de fazer uma pessoa estagnar espiritualmente. De fato, 7% dos pesquisados (gráfico 4-8) caem em uma categoria ao mesmo tempo de pessoas que estão infelizes com a igreja (insatisfeitos) e infelizes com o próprio crescimento espiritual (estagnados).

Os dois segmentos espirituais mais desiludidos têm características comuns.

Existem boas notícias.

A boa notícia é que 68% dos entrevistados estão satisfeitos e não estão estagnados. Estão crescendo espiritualmente, e estão contentes com o papel que a igreja desempenha em seu crescimento espiritual. Nas 200 igrejas que pesquisamos, esse número variou do máximo de 84% até o mínimo de 48% — uma faixa ampla que demonstra o enorme impacto que estratégias e formatos eclesiásticos diferentes exercem sobre a vida espiritual das pessoas.

Outra boa notícia é que 15% estão satisfeitos com o papel da igreja em seu crescimento espiritual a despeito do fato de estarem estagnados. Esse grupo provavelmente receberia bem estratégias adotadas pela igreja que fossem planejadas para ajudá-los a sair da estagnação.

Notícias ruins.

Quando olhamos o total de pessoas estagnadas e insatisfeitas (somando as seções dos estagnados e insatisfeitos), vemos que quase um terço dos entrevistados (32%) cai nos grupos de pessoas descontentes, em luta. Embora 32% seja desanimador, vemos grandes variações nessas porcentagens entre as igrejas pesquisadas.

Isso significa que uma das principais contribuições desta pesquisa ainda permanece diante de nós, que é criar um processo que nos permita aprender uns com os outros. Se pudéssemos abrir o capô das igrejas que apresentam os menores índices nesses dois segmentos, teríamos a esperança de descobrir as estratégias e os programas que parecem mais eficientes na hora de tratar das necessidades dos estagnados e dos insatisfeitos. Se pudéssemos divulgar essas estratégias e programas, os ganhos espirituais seriam notáveis.

Neste ínterim, podemos começar a agir com base naquilo que sabemos. Sabemos que o obstáculo maior e a maior oportunidade do grupo estagnado é o desafio de retomar as práticas espirituais pessoais. Sabemos que no coração do descontentamento do grupo insatisfeito está a percepção de uma falta de ensino bíblico de relevância, de ser desafiado pelas Escrituras e vê-la em uso nos cultos dos fins de semana.

É possível — sem saber mais do que sabemos — dar os primeiros passos para ajudar os estagnados e os insatisfeitos.

Estas são barreiras que podemos superar.

É possível — sem saber mais do que sabemos — dar os primeiros passos para ajudar os estagnados e os insatisfeitos a navegar em meio aos choques e à turbulência que impõem dificuldades à jornada espiritual deles. Estas são barreiras que podemos superar: requer apenas equipamento espiritual, incentivo, treinamento e orientação. Dessa forma, os estagnados retomarão a paixão por Cristo, e os insatisfeitos retomarão sua paixão pela igreja. E um corpo crescente de seguidores de Cristo voltará aos trilhos, no caminho de experimentar vidas plenamente comprometidas e centradas em Cristo.

equipamento espiritual

CALLY PARKINSON

SIGA-ME

5 DUAS GUINADAS

AS DUAS DESCOBERTAS MAIS IMPORTANTES DO LEVANTAMENTO FEITO COM MAIS DE 200 IGREJAS

descobertas

INVESTIGAMOS OS DADOS de quatro anos de pesquisa sobre o crescimento espiritual para identificar dois dados revolucionários, com implicações de longo prazo para a igreja. As duas descobertas lançam luz sobre o que podemos fazer agora para exercer impacto maior sobre o crescimento espiritual.

5

DUAS GUINADAS

Recentemente a equipe DESCUBRA se reuniu para refletir sobre tudo o que se tinha descoberto até agora com a pesquisa. Deixamos os dados e gráficos de lado, e desligamos os computadores. Depois fizemos um debate e discutimos os principais dados, sondando os próprios corações em busca do que considerávamos ser as descobertas mais revolucionárias nos quatro anos de pesquisa. Usamos a palavra revolucionário intencionalmente, pois revolução vai muito além de dados interessantes com um pouco mais de impacto. Revolução é uma descoberta com implicações grandiosas e de longo alcance. Esse foi o foco de diversas horas de conversa. Queríamos identificar aquilo que verdadeiramente nos pareceram descobertas de longo alcance — aquelas com o potencial mais grandioso para causar impacto no Reino. Eis o que brotou da conversa:

Revolução é uma descoberta nova com implicações grandiosas e de longo alcance.

1. Pessoas centradas em Cristo têm uma capacidade enorme para aumentar seu impacto no Reino. Até mesmo as mais dedicadas pessoas centradas em Cristo ficam devendo quanto a atitudes e comportamentos espirituais. Bill Hybels consistentemente desafia os cristãos, afirmando que "95% de dedicação a Deus fica devendo 5%". Cremos que essa afirmação capta a essência da grande oportunidade para a igreja. Embora os seguidores de Cristo mais dedicados sejam os melhores evangelistas, voluntários e contribuintes, as evidências mostram que eles têm um potencial muito maior de envolvimento espiritual.

2. A Bíblia é o catalisador mais poderoso para o crescimento espiritual. O poder que a Bíblia tem de promover o crescimento espiritual não tem rival em nada do que descobrimos. Refletir nas Escrituras é de longe a prática espiritual mais influente, e também o único fator entre os mais de cinquenta avaliados, que aparece entre os catalisadores mais importantes em cada um dos três movimentos espirituais. Por isso concluímos que é o catalisador com maior poder de predição do crescimento espiritual.

Vamos examinar mais de perto as evidências que fornecem o fundamento para essas guinadas.

PESSOAS CENTRADAS EM CRISTO TÊM UMA CAPACIDADE ENORME PARA AUMENTAR SEU IMPACTO NO REINO

Praticamente todos os seguidores de Cristo deixam de alcançar a dedicação padrão de 100% por uma margem considerável.

A jornada para se tornar centrado em Cristo não tem fim. Pelo fato de aspirarmos ao padrão perfeito de Jesus Cristo, nossa vida humana imperfeita sempre fica aquém desse objetivo. Isso pode ser desanimador se pensarmos na lacuna como um conjunto de expectativas impossíveis. Mas, do ponto de vista de um experimentado líder de igreja, é uma porta aberta para uma grande oportunidade — a oportunidade de, sem ficar justificando, elevar as expectativas de envolvimento espiritual para níveis cada vez mais altos.

Nossa pesquisa mostra que, por uma margem considerável, praticamente todos os seguidores de Cristo deixam de alcançar a dedicação padrão de 100%, incluindo aqueles que se consideram verdadeiramente centrados em Cristo. Existem lacunas significativas — entre o que a Bíblia ensina e o que nossos dados revelam — que deveriam incentivar os principais líderes da igreja a abandonar suas reservas quanto a elevar bastante o nível do desafio.

Considere o cerne da questão — a lacuna entre os dois atributos que usamos para definir o crescimento espiritual: amar a Deus e amar ao próximo (Mateus 22.37-39) (gráfico 5-1).

Atitudes quanto a amar Deus e ao próximo mostram uma lacuna crescente

Gráfico 5-1: A porcentagem de pessoas que "concordam enfaticamente" com declarações a respeito de "amar a Deus" e "amar ao próximo" aumenta ao longo da escalada espiritual. No entanto, existe uma lacuna crescente entre aqueles que "concordam enfaticamente" com cada declaração ao longo da escalada. Isso significa que é mais provável as pessoas "concordarem enfaticamente" com "amar a Deus" do que com "amar ao próximo".

A linha de cima representa o aumento da porcentagem ao longo da escalada espiritual daqueles que responderam "concordo enfaticamente" à pergunta "amo a Deus mais do que a qualquer outra coisa". Não é de surpreender que a porcentagem aumenta aceleradamente nos segmentos mais avançados. No entanto, observe que somente 78% das pessoas centradas em Cristo "concordam enfaticamente" com essa declaração. Isso significa que 22% escolheram respostas que refletem um grau menor de comprometimento.

A lacuna mais digna de nota é a comparação entre as respostas "amar a Deus" e a linha de baixo, que representa a porcentagem que "concorda enfaticamente" com "tenho um amor extraordinário pelas pessoas que conheço e não conheço". A porcentagem "amar a Deus" (78%) é mais do que duas vezes e meia maior do que a porcentagem para "amar ao próximo" no segmento Centrado em Cristo. Igualmente importante, a lacuna entre as duas declarações no segmento Centrado em Cristo é a maior na escalada espiritual. Em outras palavras, os seguidores de Cristo mais maduros relatam uma distância maior entre o "amor a Deus" e o "amor ao próximo" do que em qualquer outro segmento. Assim, embora as pessoas centradas em Cristo estejam inflamadas com o "amor a Deus", o "amor ao próximo" fica bem atrás.

O fato de a linha "amar ao próximo" apresentar valores baixos é um tanto surpreendente.

Independentemente da comparação com as respostas "amar a Deus", o fato de a linha "amar ao próximo" apresentar baixos resultados é um tanto surpreendente. Menos do que 20% de todos os outros segmentos "concordam enfaticamente" com a declaração sobre amar ao próximo. Com a mídia repleta de histórias a respeito de pessoas se prontificando a dar apoio às vítimas de crises domésticas e internacionais, a expectativa de ver a medida "amar ao próximo" mais elevada parecia razoável, e isso sem levar em consideração a fé das pessoas. O fato de os cristãos posicionados em segmentos mais avançados — Perto de Cristo e Centrado em Cristo — reagirem a essa declaração com níveis relativamente baixos deveria levar os líderes das igrejas a investigar o assunto.

O quadro frágil do "amor ao próximo" é reforçado por padrões relativos ao serviço, que se elevam ao longo da escalada espiritual, mas que também mostram haver espaço para crescimento no serviço (gráfico 5-2).

Algumas notícias boas

A boa notícia é que a porcentagem de pessoas que dizem servir mensalmente aumenta ao longo da escalada espiritual nas três dimensões medidas no gráfico. Mais de 60% do segmento Centrado em Cristo serve pelo menos uma vez por mês em um ministério da igreja; 50% serve aos necessitados "por conta própria" (fora da igreja) pelo menos uma vez por mês; e mais de 30% serve aos necessitados por meio da igreja uma ou duas vezes por mês. Não é de surpreender que haja uma boa sobreposição entre esses grupos. Isso significa que as pessoas que servem aos necessitados por meio da igreja também servem nos ministérios da igreja. Há também diversas pessoas que servem em uma área, como servir aos necessitados "por conta própria", mas que não servem de outras maneiras. Quando olhamos para os números dos que servem, vemos que 83% do grupo Centrado em Cristo serve em alguma área pelo menos uma vez por mês.

A má notícia é que cerca de 40% não serve em um ministério na igreja uma vez por mês; 50% não serve os necessitados "por conta própria" todo mês; e cerca de 70% não serve os necessitados por meio da igreja pelo menos uma vez por mês. Quando vemos o total geral daqueles que servem, 17% das pessoas não servem em nenhuma dessas áreas uma vez por mês. São números significativos, especialmente para os que são centrados em Cristo.

Padrões mensais de serviço revelam uma lacuna

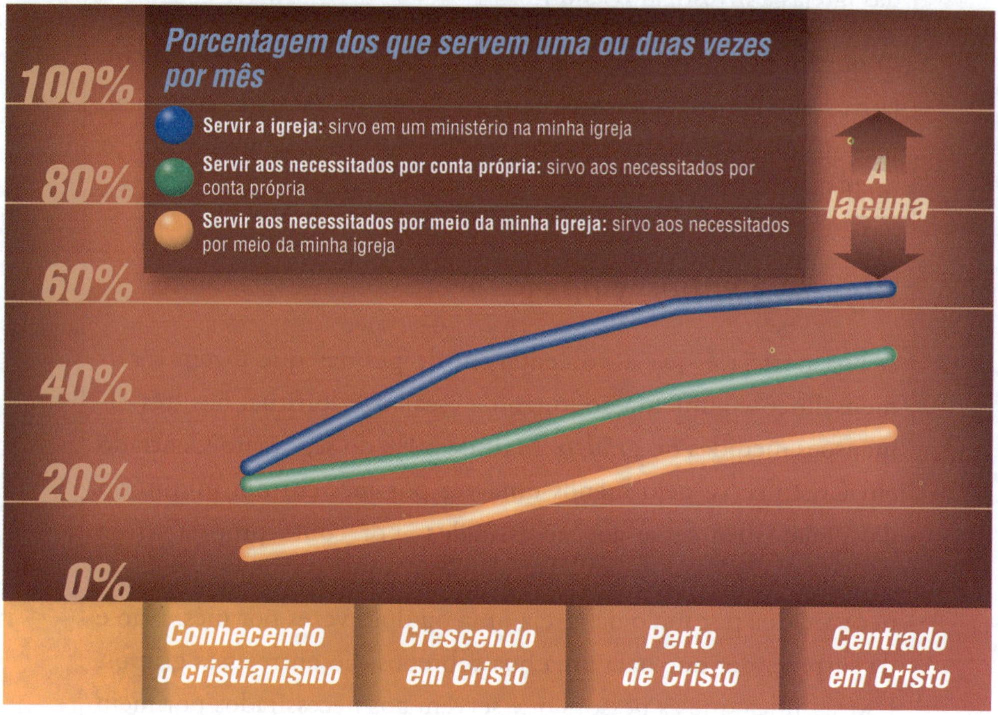

Gráfico 5-2: A porcentagem de pessoas que dizem servir em alguma área pelo menos uma vez por mês aumenta ao longo da escalada. Era de esperar que o grupo Centrado em Cristo relatasse níveis de serviço bastante altos, mas existe uma lacuna significativa entre a participação de 100% e a participação efetiva nas atividades de serviço.

padrões mensais

práticas espirituais

Práticas espirituais pessoais mostram uma lacuna

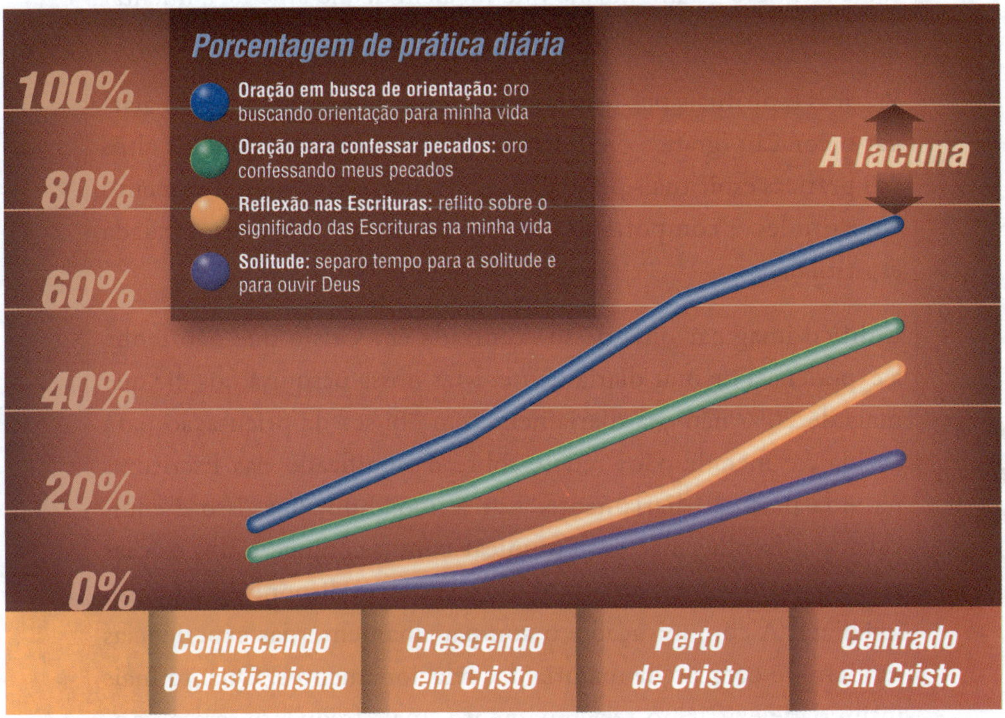

Gráfico 5-3: A porcentagem de pessoas que relatam práticas espirituais pessoais aumenta ao longo da escalada. Era de esperar que o grupo Centrado em Cristo relatasse níveis muito altos de práticas espirituais diárias, e isso acontece. Mas existe uma lacuna surpreendente entre o 100% de participação nas práticas diárias e a prática efetiva.

Não devemos tomar esses dados como licença para pressionar as pessoas a assumir mais compromissos de serviço. Esta não é uma questão de níveis de atividade; é uma questão do coração. À luz dos baixos resultados no "amar ao próximo", as porcentagens relativamente altas dos seguidores de Cristo que não servem uma vez por mês sugerem que esse é um desafio de crescimento espiritual. Sugerem também que alargar o coração das pessoas para que adotem "amar ao próximo" como valor da fé equivalente a "amar a Deus"

Como alargar o coração é o desafio.

pode gerar ganhos substanciais para o Reino. Como alargar o coração é o desafio — um desafio que vai além de meramente aumentar os níveis de atividade de serviço.

Práticas espirituais pessoais podem oferecer um remédio para alargar o coração (gráfico 5-3). Como já observamos, resultados altos nas práticas espirituais pessoais têm alta correlação com o aumento em atitudes e comportamentos espirituais ao longo da escalada espiritual.

Mais de 20% dos centrados em Cristo não oram diariamente.

É difícil imaginar uma pessoa centrada em Cristo que não tenha a experiência de orar diariamente. Mas nossa pesquisa nos diz que mais de 20% não ora diariamente em "busca de orientação para a vida", e metade não "reflete sobre o significado das Escrituras na vida pessoal" diariamente. Em termos humanos, isso é equivalente a escolher não se comunicar com o cônjuge todos os dias mesmo que os canais de comunicação estejam disponíveis para uso imediato. A comunicação e o compartilhamento das experiências residem no coração da maioria dos relacionamentos. Quanto mais intimidade existir no relacionamento, mais frequente será o contato. Os números sugerem que as oportunidades para incentivar mais intimidade com Deus por meio de práticas espirituais mais frequentes existem ao longo da escalada espiritual, incluindo o segmento Centrado em Cristo.

Podemos segmentar a oportunidade de desafiar os centrados em Cristo ainda mais dividindo-os em dois grupos: comprometidos e descomprometidos.

Comprometidos

Cinquenta por cento do grupo Centrado em Cristo disse "concordo enfaticamente" com a declaração "estou disposto a abrir mão de tudo o que é importante na minha vida em favor de Jesus Cristo".

Descomprometidos

Cinquenta por cento do grupo Centrado em Cristo *não disse* "concordo enfaticamente" com a declaração "estou disposto a abrir mão de tudo o que é importante na minha vida em favor de Jesus Cristo".

ganhos substanciais para o Reino

Os dois segmentos no gráfico 5-4 representam subgrupos do segmento Centrado em Cristo. O grupo mais importante nesse gráfico é o da extrema direita — o 50% do segmento Centrado em Cristo que respondeu "concordo enfaticamente" com a declaração "estou disposto a arriscar tudo que é importante na minha vida em favor de Jesus Cristo". Essas são as pessoas centradas em Cristo que denominamos de "comprometidos".

Mesmo quando nos concentramos nos comprometidos — aqueles que estão dispostos a arriscar tudo em favor de Jesus —, ainda existem 40% deles que não dão dízimo, 20% que não oram diariamente "em busca de orientação para a vida", e 50% têm menos do que seis conversas espirituais por ano com não cristãos. Embora sirvam, evangelizem, deem dízimo, orem e reflitam nas Escrituras mais do que fazem pessoas de outros segmentos, ainda têm espaço para crescer. Ainda podem ser desafiados a servir ao Reino e, de maneira geral, estão estimulados por seu grande amor a Deus a querer fazer exatamente essas coisas.

Mesmo as pessoas mais comprometidas com Cristo mostram lacunas surpreendentes nas práticas e nas atividades espirituais

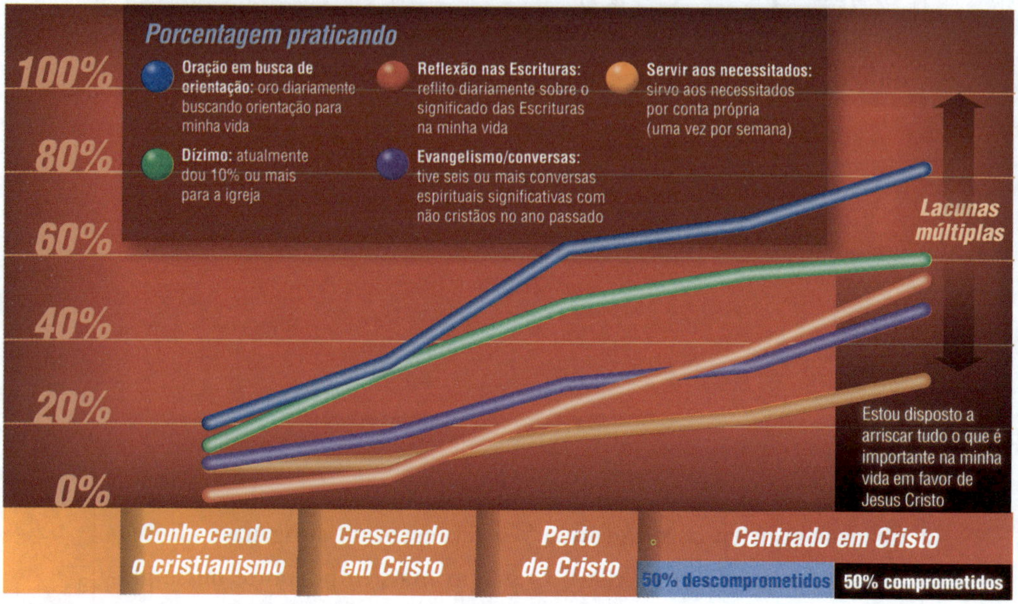

Gráfico 5-4: Dividir o segmento Centrado em Cristo em dois subgrupos mostra que mesmo as mais comprometidas pessoas centradas em Cristo relatam ter lacunas entre o que se esperaria dos verdadeiramente centrados em Cristo e os níveis de sua prática efetiva e atividade.

O que é necessário?

Talvez seja tão simples quanto fazer o desafio de buscar avidamente níveis novos e mais profundos de comprometimento e dedicação a Cristo. O coração já está pronto. A motivação correta já está no lugar certo. Mas às vezes atingir um nível mais alto requer um desafio encorajador — o tipo de desafio que os treinadores costumam propor a seus melhores jogadores.

Em resumo, é a oportunidade de a igreja fazer o papel de técnico das pessoas centradas em Cristo. Os treinadores são mais eficazes quando ajudam os jogadores a ver o que não conseguem enxergar sozinhos: aquelas mudanças, ligeiras ou significativas, que têm potencial maior de mudar o ímpeto. A igreja pode estimular e envolver seguidores de Cristo comprometidos e dar-lhes a responsabilidade de preencher a lacuna entre o ponto em que estão e a devoção 100% a Cristo.

Queremos desafiar aqueles que já são centrados em Cristo a atingir níveis mais elevados de dedicação e compromisso.

Nossa primeira pesquisa mencionou o grande potencial do segmento Centrado em Cristo. Naquela época, nós nos concentramos exclusivamente na oportunidade de estimular o máximo de pessoas a se tornarem centradas em Cristo, de aumentar o número de pessoas dentro deste que é o segmento mais engajado.

Agora vemos o potencial dos centrados em Cristo como algo exponencialmente maior. Não queremos apenas aumentar o número de pessoas centradas em Cristo, queremos também desafiar aqueles que já são centrados em Cristo a alcançar níveis mais elevados de dedicação e compromisso. Se eles estiverem à altura do desafio — estamos certos disso —, os ganhos para o Reino serão significativos.

A BÍBLIA É O MAIS PODEROSO CATALISADOR DO CRESCIMENTO ESPIRITUAL

Em nossa primeira pesquisa, concluímos que o poder das práticas espirituais pessoais para promover o crescimento espiritual é extraordinário, e é fácil justificar que elas exercem mais influência sobre o movimento espiritual do que qualquer outra coisa, incluindo as atividades eclesiásticas. Esse dado estimulou-nos a investigar as práticas espirituais pessoais bem mais profundamente para que pudéssemos discernir melhor quais práticas espirituais são mais importantes em diferentes pontos ao longo da jornada espiritual.

Para onde quer que olhássemos, os dados revelaram a mesma verdade: passar tempo com a Bíblia é de longe a prática espiritual de mais alto impacto. Mais especificamente, "reflito no significado das Escrituras na minha vida" é a prática espiritual com maior poder indicativo de crescimento para todos os três movimentos espirituais (gráfico 5-5).

A palavra *reflexão* carrega grande significado. Refletir nas Escrituras implica um processo contemplativo, envolvendo exame minucioso. A prática "refletir sobre o significado das Escrituras na minha vida" refere-se a usar a Palavra de Deus como um espelho que reflete a verdade das Escrituras sobre ações, decisões e acontecimentos na vida de uma pessoa. Não se trata de passar os olhos em passagens bíblicas de maneira mecânica. É uma experiência poderosa de meditação pessoal que catalisa o crescimento espiritual, tendo início logo nos primeiros passos da jornada espiritual.

Passar tempo com a Bíblia é de longe a prática espiritual de mais alto impacto.

Um dos dados mais intrigantes é que a reflexão nas Escrituras é o melhor indicativo das práticas espirituais pessoais no Movimento 1. Em nossa pesquisa mais recente, fomos capazes de avaliar o impacto de abrir a Bíblia pela primeira vez — em outras palavras, o impacto do aumento da frequência (de rara a frequentemente) com que uma pessoa lê e reflete nas Escrituras. A reflexão nas Escrituras é a prática espiritual que mais influencia os primeiros movimentos do crescimento espiritual, mais influente do que a oração, que pode parecer uma prática espiritual mais lógica e de mais impacto para os novos cristãos.

Refletir nas Escrituras é a prática espiritual mais influente ao longo dos três movimentos

Gráfico 5-5: "Refletir nas Escrituras" é a prática espiritual pessoal que mais influencia os três movimentos.

A influência da Bíblia parece transcender todos os outros fatores.

É importante notar que a reflexão nas Escrituras também é o único catalisador que aparece na lista dos cinco fatores mais importantes nos três movimentos. Quando lançamos os mais de cinquenta catalisadores na mistura para avaliar quais eram os cinco principais catalisadores do crescimento espiritual, refletir nas Escrituras foi o único fator que apareceu nas três listas (quadro 5-6).

Por esse motivo afirmamos que a Bíblia é o catalisador mais poderoso do crescimento espiritual, semelhante à minha referência ao "fator sorvete de creme", no capítulo 3. Não apenas a reflexão nas Escrituras está muito acima de qualquer outra prática espiritual nos três movimentos quando avaliamos as práticas espirituais independentemente, mas quando consideramos todos os fatores para determinar os cinco fatores

Refletir nas Escrituras é o único fator que aparece nos cinco catalisadores mais importantes nos três movimentos

De Conhecendo o cristianismo para Crescendo em Cristo

Movimento 1
1. **Salvação pela graça** (convicção e atitude espirituais)
2. **A Trindade** (convicção e atitude espirituais)
3. **Servir a igreja** (atividade eclesiástica)
4. **Oração em busca de orientação** (prática espiritual)
5. **Reflexão nas Escrituras** (prática espiritual)

De Crescendo em Cristo para Perto de Cristo

Movimento 2
1. **Deus pessoal** (convicção e atitude espirituais)
2. **Oração em busca de orientação** (prática espiritual)
3. **Reflexão nas Escrituras** (prática espiritual)
4. **Solitude** (prática espiritual)
5. **Evangelismo** (atividade espiritual com outras pessoas)

De Perto de Cristo para Centrado em Cristo

Movimento 3
1. **Entregar minha vida** (convicção e atitude espirituais)
2. **Cristo em primeiro lugar** (convicção e atitude espirituais)
3. **Identidade em Cristo** (convicção e atitude espirituais)
4. **Autoridade da Bíblia** (convicção e atitude espirituais)
5. **Reflexão nas Escrituras** (prática espiritual)

Quadro 5-6: "Refletir nas Escrituras" é o único catalisador espiritual que aparece em todas as listas dos "cinco catalisadores mais importantes" dos três movimentos espirituais.

de maior influência, esse fator constou em todas as listas. É notável. A influência da Bíblia parece transcender todos os outros fatores, de maneira muito parecida com a popularidade do sorvete de creme que deixa atrás todos os outros sabores. A Bíblia não é sorvete de creme apenas quando examinamos as práticas espirituais pessoais: é o sorvete de creme quando examinamos *tudo*.

Podemos considerar as implicações desse dado pensando em outra atividade pessoal, uma que sabidamente é muito boa para nossa saúde, mas não necessariamente uma atividade que fazemos como deveríamos: exercício. Tipicamente existem dois motivos pelos quais as pessoas não fazem exercícios: elas não conseguem arrumar tempo na rotina semanal, ou não gostam de exercícios (é chato ou doloroso). Considerando as barreiras, por que tanta gente se exercita regularmente? Elas se exercitam porque têm consciência dos benefícios para a saúde. Elas sabem que, de todas as coisas que podem fazer para melhorar a saúde, nada é melhor do que o exercício regular.

NADA tem mais força do que a Bíblia.

A reflexão nas Escrituras apresenta barreiras similares — nem sempre entra na agenda, e às vezes evitamos porque não gostamos. Como na metáfora do exercício, é possível que simplesmente aumentar o nível de consciência quanto aos benefícios espirituais possa motivar as pessoas a ajustar a rotina diária e achar espaço para refletir nas Escrituras. Com base em nossa pesquisa, por si só essa ação traria a mesma magnitude de benefícios para o crescimento espiritual que o exercício traz para a saúde física.

A sua congregação tem plena consciência da importância que refletir nas Escrituras tem para a saúde espiritual? Eles sabem que nada é melhor do que tempo gasto com a Bíblia em termos de vigor para promover o crescimento espiritual? Eles estão conscientes de que, não importa onde estejam na jornada espiritual, nada é mais importante para o desenvolvimento espiritual — incluindo cultos na igreja, atividades de serviço, pequenos grupos — do que o tempo gasto com a Palavra de Deus? *Nada* tem mais força do que a Bíblia.

Quando se trata da segunda barreira — a falta de prazer — talvez seja necessário mais do que consciência para ajudar as pessoas a estabelecer uma prática rotineira. A tradução de textos antigos, com sua linguagem fora do convencional e ambientações incomuns, pode dar a sensação de inacessibilidade, especialmente para os novos convertidos. Eles se aproximam dos textos com cuidado e um bocado de mau pressentimento, semelhante à reação do novato nos exercícios diante das fileiras de aparelhos de musculação numa academia. É possível que às vezes mesmo os seguidores de Cristo mais avançados abram a Bíblia mais por causa do hábito do que por uma expectativa prazerosa, assim como os que praticam exercícios rotineiramente se esgotam com a monotonia de correr em cima de uma esteira dia após dia.

Embora não sejam escassos os manuais bíblicos, guias de estudo, devocionais e outros produtos que sirvam de guia para as páginas das Escrituras, não devemos poupar nenhum tipo de criatividade quando se trata de recursos que liberam o mistério e o poder da Palavra de Deus a seu povo. A Bíblia não compartilha da monotonia impiedosa da esteira de correr, não precisa ser uma rotina de enfadonha. Superar essa expectativa — que o tempo passado com a Bíblia é tão prazeroso quanto levantar pesos — pode ir longe com a aceleração do crescimento espiritual para novos convertidos, e mesmo para aqueles que estão mais estabilizados na fé. Lembre-se que apenas metade dos seguidores de Cristo mais comprometidos reflete diariamente nas Escrituras (gráfico 5-5).

Consciência e *acessibilidade* são duas oportunidades estratégicas no estímulo para que mais pessoas se comprometam a refletir constantemente na Bíblia. *Desafio* e *coaching* são as duas palavras de ordem para estimular pessoas centradas em Cristo a atingir níveis mais altos de engajamento espiritual. Esses conceitos não são revolucionários nem complicados. Sua congregação não precisa fazer um levantamento para considerar as implicações desses dados em sua igreja.

De fato, encorajamos você a, partindo desses dados, tomar uma atitude! Faça o que fizer para estimular pessoas centradas em Cristo a atingir outros níveis de engajamento espiritual, ou acelerar o início de novas rotinas pessoais de reflexão nas Escrituras, esteja certo de que os benefícios para o Reino serão significativos.

A IGREJA COMO TREINADOR

Quando lançamos um olhar reflexivo para os quatro anos de coleta, estudo e análise dos dados sobre o crescimento espiritual, e também para as guinadas que descobrimos, cremos que talvez o principal papel da igreja é o de motivador ou treinador espiritual. A igreja pode segurar um espelho que reflita nossa alma e nos ajude a ver o que não conseguimos ver sozinhos — todas aquelas mudanças grandes e pequenas que têm potencial maior de mudar nosso ímpeto espiritual. Como um treinador, a igreja pode nos ajudar a criar um plano de exercícios físicos. Assim como um treinador, pode nos cutucar para corrermos um pouco mais rápido, ou levantarmos um pouco a mais de peso. Mas a principal obra da igreja — e sua maior alegria — é dar um passo atrás e nos encorajar à medida que o Espírito Santo cativa nosso coração e nos usa para fazer sua obra poderosa.

O principal papel da igreja é ser motivador ou treinador espiritual.

É nossa esperança mais sincera que os dados revelados por esta pesquisa facilitem muito a tarefa de treinar espiritualmente a igreja e que os resultados desse esforço sejam muito mais frutíferos.

GREG L. HAWKINS

SIGA-ME

6

MUDANÇAS NA WILLOW

SAINDO DAS MELHORIAS GRADUAIS
E REPENSANDO O NÚCLEO DA ESTRATÉGIA

decisões ousadas

SE TRANSFORMAÇÃO É O OBJETIVO, fazer remendos ou pequenos ajustes simplesmente não dará conta do recado. Descubra quais são as três mudanças que a Willow começou a fazer e também as percepções a respeito de como catalisar o movimento espiritual na sua igreja.

6

MUDANÇAS NA WILLOW

Publicamos *Descubra* um ano atrás. Lá apresentamos dados do estudo de três anos que fizemos sobre como o crescimento espiritual realmente se dá. No capítulo final, mencionei três mudanças específicas que a Willow estava buscando avidamente fazer em resposta àquilo que tínhamos aprendido:

1. *Nossa mensagem para a congregação precisa mudar.*
2. *Precisamos treinar visando aos níveis seguintes.*
3. *Precisamos aumentar o impacto dos cultos de fim de semana.*

Desde então, temos feito levantamentos em centenas de outras congregações e analisado os resultados. O que aprendemos não somente aumentou nossa compreensão do que catalisa o movimento espiritual, mas também nos estimulou a fazer algumas mudanças ousadas.

O que aprendemos nos estimulou a fazer algumas mudanças ousadas.

O CONTEXTO PARA A MUDANÇA

Quanto mais percepções ajuntamos, melhor percebemos que as três mudanças feitas no início não foram suficientes para estimular e sustentar o tipo de crescimento espiritual que desejamos ver nosso povo vivenciar. As mudanças ajudaram; há, porém, mais coisas que queremos e precisamos fazer.

Remodelando a mensagem principal

Para situar o contexto, a primeira da três mudanças que a Willow acreditava ser necessária para catalisar o crescimento e o desenvolvimento espirituais girava em torno de mudança da mensagem principal que transmitíamos para a congregação. De fato, dissemos durante anos à nossa congregação: "Sabemos quais são suas necessidades espirituais e cremos saber qual programa ou atividade melhor atende a essas necessidades". Estávamos errados. Um processo "tamanho único" não era o que as pessoas desejavam. Em abril de 2007, começamos a remodelar o núcleo da nossa mensagem para que as pessoas "deixassem a dependência em relação à igreja e partissem para uma parceria crescente de interdependência *com* a igreja".[1] Aprendemos do jeito mais difícil que a expectativa de uma abordagem "tamanho único" satisfazer a necessidade espiritual de cada pessoa simplesmente não era realista.

Um processo "tamanho único" não era o que as pessoas desejavam.

Treinando para os passos seguintes

A segunda grande mudança que identificamos relacionava-se com treinamento para os passos seguintes. Quando entrevistadas, as pessoas disseram ter vindo para a Willow (e outras igrejas) porque queriam que sua vida espiritual progredisse. Elas queriam saber quais eram os passos seguintes na jornada com Deus. No capítulo 1, descrevi esse desejo usando a metáfora de ir a uma academia e trabalhar com um treinador que cria um plano personalizado para o crescimento físico. Como igreja, queríamos algo que fosse um equivalente espiritual disso, a capacidade de fornecer corretamente os próximos passos para um

1 HAWKINS, Greg L.; PARKINSON, Cally. **Reveal**. Barrington: Willow Creek Resources, 2007. 65 p. [**Descubra. São Paulo: Vida, 2008**]

crescimento espiritual de maneira personalizada. Começamos desenvolvendo uma ferramenta *on-line* que as pessoas podiam usar para avaliar onde estavam espiritualmente e ver recomendações para os passos seguintes. Fazer isso foi muito mais difícil do que tínhamos imaginado. Quanto mais trabalhávamos na ferramenta, mais nitidamente percebíamos que não era suficiente. Precisávamos incorporar um treinamento do passo seguinte em tudo o que fazíamos, começando com os cultos nos fins de semana. Diremos mais sobre isso adiante.

Ampliando o impacto dos cultos nos fins de semana

A terceira mudança que fizemos foi aumentar o impacto dos cultos nos fins de semana. Queríamos ajudar as pessoas a integrar aquilo que aprendiam nos fins de semana com a vida que levavam entre segunda e sexta-feira. Por exemplo, ano passado durante duas séries de mensagens, uma na primavera outra no outono, nós entregamos diários. O diário servia para as pessoas escreverem suas reações a perguntas sérias e prementes sobre o conteúdo do sermão que tinham ouvido no domingo, uma lista de livros de referência e outros recursos que as pessoas poderiam usar para se aprofundar no assunto. Foi uma ferramenta simples, mas as pessoas nos disseram que isso teve um impacto significativo no crescimento delas "entre os domingos".

Precisávamos de um conjunto maior de mudanças.

Precisávamos de mudanças maiores

Assim, como mencionamos, tivemos progressos em todas essas mudanças, mas, à medida que as vivenciávamos e depois de aprender com os dados da pesquisa, percebemos que não seriam suficientes para catalisar o tipo de movimento que queríamos ver na vida espiritual das pessoas. Precisávamos de um conjunto maior de mudanças.

Além de discutirmos longamente sobre quais mudanças fazer, voltamos o olhar para outras igrejas que estavam coletando e reagindo às informações fornecidas por suas congregações. Essas foram as igrejas que levantaram as mãos e disseram "conte comigo" para o mesmo tipo de avaliação que a Willow tinha experimentado. Estávamos curiosos com o que poderíamos aprender com essas igrejas.

Durante o outono de 2007 peguei a estrada e fui para sete cidades a fim de fazer um seminário de um dia sobre o que estávamos aprendendo com a pesquisa em andamento. Acabei falando para mais de mil líderes de igreja, dando continuidade às discussões sobre o que funciona e o que não funciona em diversos cenários. Essas conversas tornaram-se o princípio catalisador para três outras mudanças na Willow, mudanças que, esperamos, sejam os catalisadores de crescimento espiritual ainda mais profundo dentro de nossa congregação.

TRÊS MUDANÇAS

A pergunta que recentemente tem quebrado nossa cabeça é: "Como edificar sobre os pontos fortes na história da Willow e ao mesmo tempo adotar novas práticas de crescimento que nos levem adiante?" Até esse momento, a resposta envolve fazer três mudanças:

1. *Precisamos ser tão radicais na hora de equipar os cristãos para uma vida centrada em Cristo quanto na hora de buscar não convertidos.*
2. *Precisamos fazer o culto do meio da semana assumir formas variadas de aprendizagem que informem o "próximo passo".*
3. *Temos de oferecer um portfólio de experiências e recursos com alvo definido para catalisar o movimento espiritual.*

1. Precisamos ser tão radicais na hora de equipar os cristãos para uma vida centrada em Cristo quanto na hora de buscar não convertidos

A verdade comumente pouco apreciada do movimento em busca do não convertido é que os seguidores de Cristo inteiramente dedicados sempre lhe deram ímpeto. Os dados do DESCUBRA confirmam isso. O novo, e que verdadeiramente representa uma guinada em relação à iniciativa do DESCUBRA, é que agora temos uma lente e um quadro de referência capazes de ajudar as igrejas a ir além do estímulo para a implementação de uma estratégia com foco e intencionalidade para equipar pessoas a ter uma vida centrada em Cristo.

Durante os primeiros anos da Willow, na década de 1970, era algo quase desconhecido convidar alguém distante de Deus para ir à igreja. Queríamos mudar isso. Três décadas depois dessa decisão inicial, esperamos ter desempenhado um papel na redefinição do que é "normal" para milhares de igrejas em todo o mundo que hoje planejam e realizam cultos de adoração no fim de semana, que servem de locais seguros para que os não convertidos ouçam a contagiante mensagem de Cristo.

Agora temos uma compreensão ainda mais aprofundada sobre quão vitais estas pessoas centradas em Cristo são para a igreja.

Nosso coração sempre arderá por aqueles que estão longe de Deus. Mas agora temos uma compreensão ainda mais aprofundada sobre quão vitais as pessoas centradas em Cristo são para a igreja: elas são o motor que impulsionam tudo o que há na igreja. Elas morreram para si e orientaram seus valores e estilo de vida em torno da pessoa de Jesus Cristo. Elas entregaram a alma para Deus para que ele as use e faça diferença significativa no mundo. Assim, a igreja precisa fazer mais do que elogiar da boca para fora a ideia de equipar os cristãos. Todos dizem fazer isso, mas agora sabemos que a maioria das igrejas não o faz, incluindo as igrejas que dizem ser integralmente dedicadas a isso e que não se descreveriam como igrejas facilitadoras para os não convertidos.

Desafie-os a se tornar discípulos

Os fiéis seguidores de Cristo precisam saber que não estão loucos. Eles precisam ver que têm o respaldo da igreja. Precisam ser honrados por causa de seu sacrifício. Precisam ser desafiados não a seguir a programação feita pela igreja, mas a seguir a programação de Cristo no mundo. Como consequência dessa mudança de foco, estamos reavaliando e realinhando nossa atividade ministerial para que pessoas centradas em Cristo sejam treinadas a valorizar a vida centrada em Cristo acima de qualquer agenda humana. Estamos fazendo outras perguntas como: "Este ministério se aproxima mais da programação da igreja ou do progresso da pessoa na direção de uma vida centrada em Cristo?"

Nosso desejo é equipar as pessoas centradas em Cristo a ir e fazer discípulos de maneira mais eficiente.

Equipe-os a fazer discípulos

Tendo se tornado um discípulo, a pessoa recebe instruções de ir e fazer mais discípulos, de alcançar aqueles que não conhecem Deus (Mateus 28.19-20). É interessante notar: nossa pesquisa sugere que as pessoas centradas em Cristo evangelizam quer a igreja as incentive quer não. Elas conversam com pessoas que estão longe de Deus. Convidam pessoas para visitar a igreja. Oram por essas pessoas. Tentam ajudá-las a dar o passo seguinte na vida. Elas fazem eco do sentimento de Paulo em Atos 20.24, considerando sua vida como nada, bastando que terminem a corrida e completem a carreira que o Senhor Jesus lhes deu: a tarefa de testificar do evangelho da graça de Deus. Nosso desejo é equipar as pessoas centradas em Cristo a ir e fazer discípulos de maneira mais eficiente e constante, e com mais recursos que as amparem.

"Equipar" pode significar coisas diferentes para pessoas diferentes. Algumas precisam ser treinadas para discipular cristãos menos maduros.

Algumas precisam aprender a liderar um pequeno grupo com eficiência. Algumas precisam de recursos para que possam servir vizinhos que tenham entrado num período difícil, ou ajudar alunos de famílias de baixa renda que farão bom uso de mochilas e uniformes de escola. Algumas precisarão ser liberadas para que órfãos da África que sejam portadores do HIV/AIDS possam ser cuidados e escolarizados.

Do ponto de vista da estratégia da igreja, o método DESCUBRA nos fornece um conhecimento específico a respeito das necessidades constantes que as pessoas têm e também a respeito do que serve de catalisador espiritual à medida que os cristãos progridem para uma vida centrada em Cristo. Esse conhecimento impulsiona o desenvolvimento de uma estratégia bem focada que é mais cooperativa com a obra transformadora do Espírito Santo na vida das pessoas.

2. Precisamos fazer o culto do meio da semana assumir formas variadas de aprendizagem que informem o "próximo passo"

A segunda maior mudança que estamos fazendo causa impacto na estrutura dos cultos de adoração. Durante mais de trinta anos usamos os cultos nos fins de semana para apresentar as verdades básicas do cristianismo de maneira compreensível a todos. Desse modo, os membros assíduos tinham um lugar seguro e previsível para trazer seus amigos sem prática de igreja. Ao mesmo tempo, esse culto era planejado para desafiar os cristãos.

O método DESCUBRA nos fornece um conhecimento específico a respeito das necessidades constantes que as pessoas têm.

Além de participar dos cultos de fim de semana, incentivávamos as pessoas que já tinham tomado a decisão de seguir a Cristo que voltassem durante a semana para um tempo maior de adoração e aprendizagem mais avançada da Bíblia.

A ideia era que, independentemente de onde a pessoa estivesse na jornada espiritual, ela pudesse ir ao culto do fim de semana ou do meio da semana, ou aos dois cultos, tivesse a oportunidade de experimentar Deus e um excelente aprendizado da Bíblia. Mas e se a pessoa em sua condição na jornada espiritual não recebesse nenhuma ajuda desses eventos, sem importar o capricho com que fossem realizados?

É certo que o ensino bíblico nunca volta sem dar frutos. Ninguém discute isso. Mas, pensando naquilo que é mais catalisador para levar uma pessoa a uma vida centrada em Cristo, agora estamos convencidos de que precisamos das às pessoas mais do que essas opções preestabelecidas de ensino.

Dê mais opções às pessoas

Em muito pouco tempo nosso culto durante a semana vai mudar. Ainda fazemos um período de adoração conjunta, mas, em vez de todos aprenderem a mesma coisa, as pessoas vão se dispersar para uma de várias classes menores ou outros ambientes de aprendizagem. Algumas classes serão planejadas para os que estão Conhecendo o cristianismo e terão o tipo de informações e experiências que auxiliem os que estão no começo da jornada a dar mais um passo. Outras classes se concentrarão em ajudar as pessoas a aprender e a praticar disciplinas espirituais como solitude, oração e escrever diários. Outras classes serão planejadas para firmar as pessoas nos temas centrais da fé cristã. O ponto é que haverá oportunidade para que todos — independentemente de onde estiverem na escalada espiritual — aprendam, cresçam e deem outros passos para se tornarem mais parecidos com Cristo.

À medida que se desenvolvem os conteúdos de cada espaço de aprendizagem, nosso desejo é registrar o máximo desse conteúdo em uma biblioteca *on-line*, com mecanismo de busca, para que possamos deixar o material à disposição dos membros da congregação que não puderem assistir a uma aula específica. A pesquisa deixa claro que as pessoas querem obter proveito de uma variedade de oportunidades que indiquem o passo seguinte. Além disso, pediremos que os participantes reflitam e digam se cada experiência serviu bem a seu movimento espiritual. Pediremos também que registrem as respostas. Com o tempo, seremos capazes de recomendar os recursos certos no estágio certo na jornada espiritual.

3. Temos de oferecer um portfólio de experiências e recursos com alvo definido para catalisar o movimento espiritual

A terceira mudança que concordamos em fazer foi prover experiências e recursos, além dos cultos nos fins de semana e das oportunidades durante a semana, que possam estimular e incentivar o crescimento dos seguidores de Cristo em todos os pontos da escalada espiritual — Conhecendo o cristianismo, Crescendo em Cristo, Perto de Cristo e Centrado em Cristo.

As pessoas vão à igreja porque querem crescer. Elas reconhecem que está faltando algo na vida delas, veem algo mais que desejam e entram em nossas instalações na esperança de preencher esse vazio. Elas não querem sair de mãos abanando. Querem deixar nossa companhia sabendo que elas progrediram, que agora sabem em que devem trabalhar para chegar mais perto do destino desejado. Sabemos que esse é o objetivo daqueles que entram por nossa porta. Também sabemos que esse objetivo não será alcançado se as pessoas passarem uma ou duas horas por semana na igreja.

As pessoas vão à igreja porque querem crescer.

Dois tipos de experiência

Apesar de que vamos sugerir experiências que somem aos cultos nos fins de semana e aos espaços de aprendizagem durante a semana, cremos que existem dois tipos de experiência que precisam ser providenciados de maneira intencional e contínua: experiências que edificam a comunidade e experiências de serviço prestado à maneira de Cristo.

Experiências que edificam a comunidade

A vida cristã não é para ser vivida em isolamento. Precisamos uns dos outros. Além disso, acreditamos firmemente que as mudanças na vida encontram seu melhor ambiente no contexto da comunidade bíblica. Mas a comunidade bíblica tem diversas formas, e a forma necessária para uma determinada pessoa pode depender de onde ela está na escalada espiritual.

Talvez um exemplo ajude a ilustrar essa questão. Quando era novo na fé cristã, foi muito importante para mim ser ouvido e receber respostas às minhas perguntas. O tipo de comunidade de que precisava era de um estudo bíblico estruturado com outros homens. Anos mais tarde, depois que minha esposa e eu nos casamos, foi útil estar em um pequeno grupo com outros casais, e assim pude aprender como aplicar a fé a meu novo relacionamento.

À medida que crescia espiritualmente ao longo dos anos assumi o papel de liderança com pequenos grupos. E agora, à medida que amadureço ainda mais no meu relacionamento com Cristo, tendo a buscar experiências comunitárias que sejam igualmente desafiadores e úteis para meu crescimento, mas bem menos estruturadas do aquelas que buscava vinte anos atrás.

No passado, os líderes na Willow diziam às pessoas que todos precisavam participar de um pequeno grupo organizado pela igreja.

Estamos reajustando essa mensagem para transmitir que, embora seja verdade que todos precisem estar "em comunidade", a forma que essa comunidade assume pode ser bem diferente dependendo do nível de maturidade espiritual de cada um. A pessoa que está conhecendo o cristianismo pode beneficiar-se mais estando em um pequeno grupo formal de interessados na fé, enquanto outra pessoa talvez precise apenas se vincular com um amigo espiritual. Uma pessoa centrada em Cristo talvez queira a estrutura de um currículo de estudo bíblico semanal, enquanto outra talvez diga "quero um grupo relacional com o qual possa me aprofundar, compartilhar minhas lutas, obter sabedoria e ter pessoas com quem posso ser transparente".

Não é praticável para nós como igreja pôr todas as pessoas que desejam um mentor em contato com uma pessoa disposta a mentorear. Isso simplesmente não funciona na prática. Mas se liberássemos algumas centenas de pessoas centradas em Cristo da responsabilidade de liderar pequenos grupos todos os anos? E se as incentivássemos a encontrar um escape comunitário, no qual pudessem procurar pessoas e ajudar aqueles que são novos na fé? Não se pode imaginar os caminhos que isso abriria para a mentoria. Isso é apenas um exemplo daquilo que, em nossa opinião, um "portfólio de experiências comunitárias" pode fazer por nós em termos de liberdade e crescimento.

Embora seja verdade que todos precisem estar "em comunidade", a forma que essa comunidade assume pode ser bem diferente dependendo do nível de maturidade espiritual de cada um.

Liberar pessoas centradas em Cristo

Experiências de serviço prestado à maneira de Cristo

O segundo tipo de experiência que queremos prover gira em torno dos atos de serviço. A Willow Creek sempre ofereceu ampla base de experiências de serviço — desde experiências internas que ajudam a atender às necessidades básicas da administração da igreja até experiências externas que atendem às necessidades de nossa comunidade e do restante do mundo. E nosso povo está entre as pessoas pesquisadas mais voltadas para o serviço. Entretanto, agora que sabemos que de fato servir é um catalisador muito alto para o crescimento espiritual, queremos dar ainda mais ênfase no serviço, especialmente no serviço àqueles que passam necessidades.

Recursos para reforçar pontos-chave na aprendizagem

Além de experiências, precisamos prover recursos. Durante a última década ou mais, temos gravado todas as mensagens dos cultos dos fins de semana e do meio da semana em formato digital, que é facilmente integrado ao nosso *site* da internet. Nossa livraria tem prateleiras de livros úteis, pilhas de treinamentos facilitadores para grupos e centenas de DVDs que podem ajudar uma pessoa a sair do segmento Conhecendo o cristianismo e atingir o Centrado em Cristo.

Estamos no processo de catalogar todos os recursos que temos e de categorizar cada um deles de acordo com o tipo de apoio que, em nossa opinião, ajudará a pessoa a crescer. Por exemplo, queremos determinar os melhores recursos que ajudem alguém a sair do Conhecendo o cristianismo e a chegar a Crescendo em Cristo (Movimento 1). Queremos organizar e apresentar recursos para isso e depois pedir que as pessoas avaliem a utilidade que os recursos de fato têm como auxílio no crescimento espiritual. Com o tempo, revisaremos nossas recomendações de acordo com o retorno que obtivermos.

Reconhecemos que essa incumbência exigirá altos investimentos em nossa infraestrutura digital. Mas para nós vale a pena. Queremos ter a capacidade de dar recomendações certeiras e garantidas para as pessoas: qual mensagem devem ouvir, qual livro devem ler. E isso as levará até onde Deus as convidou a chegar.

✦✦✦

Se você examinar unicamente as mudanças de formato, a nova abordagem da Willow pode não parecer tão substanciosa. Durante décadas a maioria das igrejas tem feito um culto de fim de semana, providenciado classes e uma variedade de experiências e recursos para suas congregações. E isso é lá grande coisa?

Essas mudanças são significativas porque não se limitam à mudança de formato.

Para a Igreja Willow Creek essas mudanças são importantes porque não se limitam ao formato. Elas se referem a uma intencionalidade radical — nós nos certificamos que tudo o que fazemos gera um movimento espiritual, permitindo assim que cumpramos nossa missão de transformar pessoas sem religião em cristãos totalmente dedicados. Estou entusiasmado para compartilhar com você o que descobrirmos nos dias e anos que virão. Algo me diz que o aprendizado apenas começou.

A SOMA TOTAL DE NOSSO TRABALHO

Nos últimos meses, esta é a pergunta que os pastores fazem com mais frequência: "Qual é a coisa mais importante que você aprendeu com toda esta pesquisa?" Então eles prendem a respiração, prontos para o tiro de misericórdia. Se eu der esse tiro, eles podem, sem sofrimento nem esforço, voltar e consertar suas igrejas. Imagino que minha resposta causa toda vez um certo desapontamento.

"Bem, como já disse, a pesquisa indica claramente que precisamos fazer um trabalho melhor na hora de equipar o grupo Centrado em

Cristo, e precisamos ajudar todas as pessoas a ter um envolvimento mais profundo com a Bíblia.

“Mas existe uma resposta mais profunda para sua pergunta”, continuo. “O único resultado pronto para consumo do nosso trabalho até aqui é que Deus está ridiculamente apaixonado por nós. É isso. Deus nos ama! E o Espírito Santo está trabalhando para nos atrair para junto de si — às vezes com a ajuda da igreja local, mas muitas vezes apesar da igreja local”.

Continuo explicando que nossa equipe estudou uma ampla gama de igrejas — igrejas pequenas e grandes, igrejas voltadas para não cristãos e outras voltadas para cristãos, denominacionais e independentes, e assim por diante. Mas em meio à variedade, vemos um fio comum tecendo seu caminho por meio de todas elas: existem pessoas em todas as congregações que realmente têm fome e sede de justiça; que amam a Deus de todo o coração, toda a mente e com todas as forças; que se debruçaram aos pés de Jesus e disseram: “Use-me como quiser usar. Seja o que for, estou dentro”. Dá para sentir isso nas páginas de dados. E isso é uma coisa muito boa.

Uma coisa muito boa

Em 2007, o banco de dados DESCUBRA tinha 5 mil pessoas provenientes de sete igrejas. Os dados de *Siga-me* estão baseados em levantamentos feitos com 80 mil pessoas em 200 igrejas — e os números continuam crescendo. Hoje, o banco de dados DESCUBRA tem 157 mil pessoas provenientes de quinhentas igrejas. Os dados originais foram confirmados e grandemente enriquecidos pela profundidade e diversidade desse banco de dados. Temos a esperança de que as quinhentas igrejas se sintam igualmente enriquecidas pelas percepções adquiridas a respeito de sua congregação por meio da participação no Levantamento da Vida Espiritual DESCUBRA.

Já caminhamos bastante, mas entendemos que estamos apenas no começo do caminho. O que sabemos hoje é a ponta do *iceberg* comparado ao que queremos saber e que, em nossa opinião, o Levantamento da Vida Espiritual DESCUBRA tem potencial de desvendar. Seguem algumas das áreas que esperamos investigar nas pesquisas futuras.

Igrejas "melhores em sua categoria"

Nosso sonho é ajudar todas as igrejas a aprender com as igrejas que são as mais eficientes na promoção do crescimento espiritual. Eventos e recursos DESCUBRA futuros realçarão os dados a respeito das atividades e dos processos de igrejas "melhores em sua categoria". Visite o *site* do DESCUBRA para mais informações a respeito de eventos e recursos:

www.revealnow.com

O movimento perdido

Para começar, o que atrai as pessoas a Deus? No capítulo 3 reconhecemos a existência de um "movimento perdido", que é a transição de Longe de Deus para Conhecendo o cristianismo. Nos dias que se seguem, esperamos ir além das paredes da igreja e coletar informações sobre aqueles que não pertencem a nenhuma igreja para que possamos identificar os catalisadores que mais influenciam os primeiros passos em direção à fé.

Estudantes

Por que tantos jovens desistem da fé que tinham depois do ensino médio? Queremos compreender melhor a experiência do crescimento espiritual de alunos do ensino fundamental e médio para que possamos identificar as melhores oportunidades de cimentar a fé desses alunos antes que eles saiam de casa.

Comunidade cristã

Até este momento, temos lutado para compreender plenamente o impacto que a comunidade cristã exerce sobre o desenvolvimento espiritual com os resultados do levantamento DESCUBRA. Até aqui nossa análise sugere que convicções espirituais, práticas pessoais e atividades como servir ou evangelizar são as mais catalisadoras do crescimento espiritual. Queremos mergulhar fundo, quantitativa e qualitativamente, na maneira pela qual as dinâmicas da comunidade cristã se entremeiam com esses catalisadores e contribuem com o movimento ao longo da jornada espiritual.

Objetivos de longo prazo

Um dos objetivos de longo prazo é a expansão internacional, mas achamos que precisamos de um pouco mais de experiência em casa, com igrejas domésticas, antes de incluirmos igrejas fora dos limites dos Estados Unidos e do Canadá.

Outro objetivo de longo prazo é a pesquisa longitudinal. Significa fazer um levantamento da mesma pessoa usando as mesmas medidas em diferentes momentos da vida. Mais especificamente, queremos rastrear as experiências individuais de crescimento espiritual com o passar do tempo para obtermos um entendimento mais completo do relacionamento causa-efeito entre os catalisadores espirituais e o movimento espiritual. Em termos ideais, gostaríamos de enriquecer a compreensão que temos do movimento espiritual seguindo a trajetória de crescimento espiritual de determinados indivíduos em vez de contar exclusivamente com pesquisas pontuais com grupos grandes (veja Apêndice 2, "Abordagem e metodologia da pesquisa"). ✦

Mas simultaneamente, embora tenhamos visto algumas igrejas com sistemas e práticas extremamente eficientes no crescimento espiritual individual, observamos um número exagerado de igrejas que não parecem tão eficientes na hora de catalisar o movimento das pessoas em direção a Cristo.

Então, a única conclusão a que chego é que a afirmação bíblica de que Deus nutre um amor insano por nós é inteiramente verdadeira. Veja, se as pessoas estiverem em uma igreja grande, uma igreja boa ou uma igreja em dificuldades, sempre encontramos um grande número de pessoas sendo atraídas para uma profunda intimidade com Cristo, para ficar Perto de Cristo. Deus está ativo e operando, com ou sem a ajuda da igreja específica que a pessoa frequente. Ele não está disposto a perder nem mesmo um de nós.

A afirmação bíblica de que Deus nutre um amor imenso por nós é inteiramente verdadeira.

No fim do dia, a soma total do nosso trabalho não é outro conjunto de quadros, gráficos e análises, apesar de essas coisas serem muito úteis. Fundamentalmente, trata-se de um trabalho de amor. Fundamentalmente, esse trabalho gira em torno da história de um Deus que está tão apaixonado por seu povo que faz qualquer coisa que precisar ser feita, seja para termos comunhão com ele, seja para trabalharmos com ele a fim de realizar sua obra redentora no mundo.

A MUDANÇA DE VERDADE COMEÇA COM VOCÊ

Creio que, se você levar a sério este trabalho — se ler este livro com atenção e se for além de conseguir que sua igreja participe do levantamento usando a ferramenta Levantamento de Vida Espiritual,[2] e

2 Para mais informações, veja Apêndice 4, "O que é o Levantamento de Vida Espiritual DESCUBRA?".

se você interagir com os resultados que encontrar —, descobrirá o que precisa fazer de diferente na sua igreja. Estou convencido de que o Espírito Santo de Deus falará com você e que você irá discernir o que precisa fazer no seu ambiente.

Mas também acredito que a mudança de verdade será para valer somente quando você, na qualidade de líder, levar seu desenvolvimento pessoal com igual seriedade. Depois de conversar com centenas de pastores cujas igrejas estão prosperando mesmo em meio a grandes mudanças, nós nos convencemos de que uma vigorosa autoliderança é a chave deste sucesso.

A autoliderança feita com vigor leva os líderes a uma avaliação e a responder ousadamente a perguntas difíceis, perguntas como...

1. Onde estou?

2. Onde quero estar?

3. O que vem a seguir?

Eles descobrem quais serão os passos seguintes, debatem com Deus em oração sobre como atribuir prioridades na vida atarefada que levam e fazem o que precisam fazer para se entregar ainda mais a Cristo.

Tenho toda a confiança do mundo que daremos os passos corretos para ajudar nossa igreja a melhorar. A pergunta de verdade que tenho como pastor é se vamos dar esses passos em favor de nossas almas. E, mais pessoalmente, darei os passos necessários?

Você está disposto a ser despertado para aquilo que Deus tem para você?

Que passo você precisa dar hoje para ficar mais próximo de Cristo? Que passo você precisa dar para deixar de lado algo a que seu coração se agarrou? Que passo unificará seu espírito, para que você possa servir a Cristo e a Cristo somente? Você está disposto a ser despertado para aquilo que Deus tem para você?

FACE A FACE COM JESUS

Um dos livros infantis que leio para meus filhos conta a história bíblica do cego Bartimeu. Jesus está passando por uma cidade num certo dia e, embora Bartimeu não conseguisse enxergar o que estava acontecendo, ele ouve o tumulto da multidão e percebe que alguma coisa importante está acontecendo. Ele implora por informações gritando o mais alto que pode, e como resposta ouve as pessoas dizendo: "Jesus está vindo! Jesus está vindo!"

Quando os gritos da multidão alcançam as alturas, Bartimeu berra para Jesus: "Venha me ajudar! Por favor... Ajude-me!".

Jesus vem até Bartimeu e o cura. Bartimeu abre os olhos, que antes não viam, e vê o brilho do sol, vê o lugar onde estava e as pessoas que estavam dando vivas, gritando em sua volta. Depois, finalmente, Bartimeu vê Jesus.

Começo a chorar toda vez que leio esse pedaço da história porque, mais do que qualquer outra coisa, é o que desejo para mim. Quero estar tão perto de Jesus Cristo que, quando olhar para cima, eu o verei face a face. Quero alinhar meu olhar com o dele e ver seu prazer. Quero ser relembrado de que a proximidade com ele significa que tudo o mais ficará bem. Minha igreja ficará bem. Meu casamento ficará bem. Meus filhos ficarão bem. A vida inteira ficará bem, desde que eu fique por perto.

Creio que nossas congregações querem a mesma coisa.

E tudo isso começa com nossos próprios olhos sendo abertos.

Veja, não se trata de construir uma igreja formidável. Trata-se de construir uma Igreja formidável. Estamos convidando pessoas para uma jornada de unidade perfeita com Cristo, para estarem tão próximos dele que poderão olhar para cima depois de um período de oração, de adoração ou de culto e ver sua face com nitidez suficiente para vê-lo pronunciar as palavras:

BILL HYBELS

Fundador e pastor titular
Igreja Willow Creek

Presidente do conselho
Willow Creek Association

POSFÁCIO: A ÁVIDA BUSCA POR UMA ESTRATÉGIA CENTRADA EM CRISTO

Em 2004, os membros da equipe Greg Hawkins e Cally Parkinson, com o consultor de pesquisa Eric Arnson, sugeriram que fizéssemos um levantamento profundo, envolvendo a igreja toda, que tivesse força para causar um impacto estrutural e sistêmico na Willow. A ideias deles era coletar informações de toda a congregação a fim de avaliar se estávamos contribuindo ou não para o crescimento espiritual das pessoas. Embora não tivesse nenhuma ideia do que estava nos esperando do outro lado da pesquisa, acreditei que Deus estava nos chamando para realizá-la. Então nos alistamos.

Está no nosso DNA "aprimorar o jeito de fazer a igreja" e compartilhar o que aprendemos com outras comunidades, outras igrejas. Quando Deus põe sua bênção em algo na Willow, damos os créditos a ele e espalhamos a história para qualquer líder de igreja que estiver interessado. Quando tentamos algo e fracassamos, tentamos advertir outros líderes antes que eles paguem o mesmo preço que pagamos. Já nos disseram que essa transparência é tida em alta estima.

Está no nosso DNA "aprimorar o jeito de fazer a igreja" e compartilhar o que aprendemos com a comunidade mais abrangente da igreja.

Quando os resultados do levantamento indicaram que a Willow tinha muito que melhorar na maneira de treinar as pessoas para que chegassem à plena dedicação a Cristo, publicamos esses dados para uma porção maior do Reino, arregaçamos as mangas e fomos ao trabalho. Enquanto alguns blogs gastavam tempo escrevendo títulos sensacionalistas enganosos a respeito de nossos dados, estávamos ocupados tentando discernir o direcionamento de Deus sobre como poderíamos ajudar eficientemente os cristãos a se mover em direção a uma vida centrada em Cristo.

Ao longo dos anos, Deus nos levou a implementar diversas estratégias novas, mas a motivação para cada estratégia permaneceu imutável: transformar pessoas sem religião em cristãos inteiramente dedicados. No ministério de jovens que deu início à Willow Creek trinta e três anos atrás, acreditávamos que a melhor maneira de alcançar as pessoas distanciadas de Deus era levar um bando de garotos e garotas do ensino médio, incentivá-los e equipá-los para compartilhar a realidade de sua fé com seus amigos. E foi isso que fizemos.

Renovamos o compromisso de fortalecer os esforços das pessoas centradas em Cristo de nossa igreja.

À luz do que aprendemos com DESCUBRA, parece que essa ainda é a maneira mais eficiente de alcançar as pessoas distanciadas de Deus. Recorrendo à confirmação de nossa motivação inicial, renovamos o compromisso de fortalecer os esforços das pessoas centradas em Cristo de nossa igreja fazendo mais treinamentos em oração, construção de relacionamentos e evangelismo, e também pondo à disposição mais eventos em que os não cristãos são bem-vindos.

Hoje existem aproximadamente 4 mil pessoas na Willow que professam ter rendido diante Deus — coração, mente, corpo e alma. Os dados indicam que essas pessoas oram mais do que todas as outras pessoas. Elas contribuem mais do que todas as outras pessoas. Evangelizam mais do que as outras pessoas. “Já não se trata dos meus sonhos, planos ou carreiras”, elas dizem. “Já não se trata de ter minha vida em alta estima. Trata-se de entregá-la a Cristo, de novo, novamente e outra vez mais”.

Em termos humanos, essas são as pessoas que fazem as coisas acontecer em torno da Willow. Provavelmente elas também são as pessoas que fazem as coisas acontecer na sua igreja. Se a pesquisa DESCUBRA conduzida até este momento gravou em mim uma coisa como líder, esta coisa é:

> *Se a igreja não providenciar estrutura para sustentar o entusiasmo e o envolvimento das pessoas centradas em Cristo, elas ficarão à solta.*

Não por causa de Deus, mas por nossa causa, por causa de nossas igrejas — igrejas que não dão suporte para a busca ávida pela centralidade de Cristo na vida.

Quem quer isso?

Sem dúvida examinaremos a questão do que significa apoiar a centralidade de Cristo nos meses e anos que se seguirão, mas duas coisas estão claras. Em primeiro lugar, as pessoas centradas em Cristo precisam ser lembradas que não são malucas por levar o cristianismo tão a sério. Elas precisam ser lembradas das Escrituras, que afirma ser uma coisa normal da vida cristã fazer da nossa vida um sacrifício vivo.

Em segundo lugar, as pessoas centradas em Cristo precisam de recursos. Elas estão ativamente construindo relacionamentos, testemunhando verbalmente e ajudando seus amigos a investigar o cristianismo. Elas estão aprendendo cada vez mais a morrer para si e a humildemente fazer qualquer coisa que Cristo as chamar para fazer. Mas muitas delas estão perguntando: "Será que a gente poderia ter alguma ajuda aqui?" Os líderes na igreja poderiam aliviar significativamente a carga provendo recursos, oportunidades e ferramentas de que precisam para prosperar em seu chamado de cristãos. Se ousadamente tivermos a visão de uma vida centrada em Cristo, e fizermos o que for necessário a fim de equipar nosso povo a vivenciar esse tipo de vida, creio que o impacto sobre as pessoas que vivem distanciadas de Deus será profundo e sem precedentes.

> Sonho com o dia em que os líderes da igreja serão suficientemente apaixonados para buscar a verdade a respeito da saúde espiritual de suas congregações e suficientemente corajosos para fazer as mudanças necessárias. Posso sentir o início desse tipo de mudança em todo o mundo. Isso é um alento para minha convicção de que os melhores dias da igreja local estão à nossa frente e de que os portões do inferno devem se preparar para bater em retirada.

Bill Hybels

SIGA-ME

APÊNDICES

Apêndice

1

O QUE É DESCUBRA?

Uma visão da jornada espiritual firmada em pesquisas

DESCUBRA é uma visão, fruto de pesquisas, sobre como a jornada espiritual se desenrola, até este momento validada pelos dados fornecidos por mais de 157 mil participantes em mais de quinhentas igrejas.[1] O traço que distingue o DESCUBRA é sua capacidade de "medir o que não se vê", usando uma metodologia de pesquisa que avalia como atitudes, necessidades e motivações espirituais de uma pessoa se alinham com os comportamentos espirituais.

DESCUBRA identifica uma escalada espiritual formada por quatro segmentos de pessoas em diferentes estágios de desenvolvimento espiritual: Conhecendo o cristianismo, Crescendo em Cristo, Perto de Cristo e Centrado em Cristo. Entretanto, o grande valor de DESCUBRA está nas percepções adquiridas sobre o que gera o movimento ao longo da jornada. Por exemplo, quais atividades eclesiásticas, convicções práticas ou atividades espirituais (evangelismo, serviço etc.) exercem maior influência no crescimento espiritual em diferentes momentos ao longo da escalada espiritual.

1 Para mais informações e uma breve história do DESCUBRA, visite www.revealnow.com.

Um livro

Publicado em 2008, *Descubra: onde você está?* descreve a consolidação dos dados iniciais, baseados nas informações obtidas do levantamento com 5 mil pessoas, realizado por sete congregações diferentes. *Siga-me: o que vem a seguir?* amplia os dados iniciais a respeito dos quatro segmentos da escalada espiritual ao descrever os catalisadores espirituais de maior influência sobre o movimento ao longo da caminhada. Os dados de *Siga-me* têm por base um levantamento feito com a participação de 80 mil pessoas participantes de mais de 200 congregações.

Levantamento de vida espiritual DESCUBRA

O Levantamento de Vida Espiritual DESCUBRA é uma ferramenta de pesquisa que as igrejas locais podem usar para avaliar a saúde espiritual de suas congregações. O objetivo do Levantamento de Vida Espiritual DESCUBRA é dar aos líderes de igreja uma ferramenta de pesquisa equivalente às mais refinadas ferramentas de pesquisa usadas no mercado por uma fração pequena do custo vigente no mercado. Para mais informações, veja o apêndice 4, "O que é o Levantamento de Vida Espiritual DESCUBRA?", ou visite <www.revealnow.com>.

Apêndice

2

ABORDAGEM E METODOLOGIA DA PESQUISA

Esse projeto teve início com uma pergunta simples: a pesquisa científica pode nos ajudar a compreender o crescimento espiritual, e talvez medi-lo? Em outras palavras, as mesmas ferramentas de pesquisa usadas no mercado para medir atitudes e comportamentos de consumo poderiam ser usadas pelas igrejas locais para medir convicções e comportamentos espirituais de suas congregações? Acreditávamos que a resposta seria sim.

Refinamos nossa pesquisa durante quatro anos, com mais de quinhentas igrejas e 157 mil levantamentos individuais. Apesar de ainda estarmos nas fases iniciais de nosso trabalho, estamos confiantes que a ferramenta de levantamento e pesquisa mostrou-se capaz de produzir percepções válidas e valiosas para os líderes de igreja.

O que segue é um panorama de nossa abordagem e metodologia de pesquisa.

Abordagem

Nossa abordagem se concentrou em três áreas principais e perguntas relacionadas a essas áreas:

- ***Segmentos:*** quais são os diferentes grupos/segmentos de pessoas a que a igreja deve atender?

- ***Necessidades:*** Quais necessidades estão sendo atendidas, mal atendidas ou não atendidas em cada segmento?
- ***Propulsores e barreiras:*** O que impulsiona o crescimento espiritual, e quais são as barreiras para o crescimento espiritual?

Essas três áreas servem de quadro de referência, em torno do qual organizamos as informações coletadas.

Metodologia

Em termos genéricos, existem duas metodologias de pesquisa: qualitativa e quantitativa. Usamos as duas metodologias, e depois empregamos técnicas e processos analíticos para revisar os dados.

Qualitativa (coleta de percepções)

Os pesquisadores usam os dados qualitativos para ajudar a esclarecer hipóteses, convicções, atitudes e motivações.

É praticamente um processo um a um, no qual o pesquisador faz perguntas diretamente aos indivíduos. Normalmente as perguntas não se limitam a obter informações ou opiniões, mas também permitem que o entrevistador sonde a riqueza emocional e motivacional relacionada com o tema. Os pesquisadores usam os dados qualitativos para ajudar a esclarecer hipóteses, convicções, atitudes e motivações. O trabalho qualitativo normalmente é o primeiro passo porque permite que o pesquisador faça o ajuste necessário na linguagem que será usada nas ferramentas quantitativas.

Quantitativa (estabelecendo a confiabilidade estatística)

Esse processo emprega questionários detalhados, costumeiramente entregues a um grande número de pessoas. Normalmente as questões são de múltipla escolha, e os participantes escolhem a opção mais adequada entre as oferecidas em cada questão. A pesquisa quantitativa coleta uma enorme quantidade de informações, que normalmente pode ser generalizada para uma população maior, permitindo comparações diretas entre dois ou mais grupos. Também dá aos profissionais de estatística uma ampla flexibilidade na análise dos resultados.

Processo e técnicas analíticas (quantificando percepções e conclusões)

Após a pesquisa quantitativa vem um plano analítico feito para processar os dados e obter informações e percepções com respaldo empírico. Três técnicas analíticas comuns foram usadas nas três fases de pesquisa:

- ***Análise de correlação:*** Verifica se duas variáveis estão relacionadas ou não, e a força dessa relação. Isso não significa que uma variável causa a outra variável; significa que elas tendem a seguir um padrão semelhante de movimentos.
- ***Análise discriminante:*** Determina quais variáveis fornecem a melhor explicação para as diferenças entre dois grupos ou mais. Isso não significa que as variáveis causam as diferenças existentes entre os grupos; significa que as variáveis distinguem um grupo do outro.
- ***Análise de regressão:*** Usada para investigar relações entre variáveis. Essa técnica é comumente usada para determinar se o movimento de uma variável definida (ou dependente) é ou não causado por uma ou mais variáveis independentes.

Usamos os métodos qualitativos e quantitativos em 2004, quando nos concentramos exclusivamente na Igreja Willow Creek, e também na pesquisa de 2007-2008, que incluiu centenas de igrejas. Segue um resumo da metodologia usada em nosso trabalho mais recente.

Fase qualitativa (dezembro de 2006)

Entrevistas individuais com 68 membros. Recrutamos especificamente pessoas nos estágios mais avançados do crescimento espiritual.

Nosso objetivo era captar a linguagem e as percepções que servissem de guia no desenvolvimento do questionário a ser usado no levantamento.

Duração da entrevista: de 30 a 45 minutos.

Foco em quinze temas: os temas incluíam histórico da vida espiritual, histórico eclesiástico, práticas espirituais pessoais, atitudes e convicções espirituais etc.

Fases quantitativas

FASE 1 (de janeiro a fevereiro de 2007)

- Levantamento por *e-mail* com sete igrejas de diferentes regiões, tamanhos, etnias e formatos.
- Foram recebidos 4.943 levantamentos completos.
- Utilização de 53 conjuntos de questões sobre temas como:

— Atitudes diante do cristianismo e da vida espiritual pessoal

— Práticas espirituais pessoais, incluindo afirmações sobre frequência de leitura bíblica, oração, atualização de diários pessoais etc.

— Satisfação com o papel da igreja no crescimento espiritual.

— Importância e satisfação de atributos eclesiásticos específicos (por exemplo, "me ajuda a compreender a Bíblia com profundidade") relacionados ao crescimento espiritual.

— Participação e satisfação com atividades eclesiásticas, tais como cultos nos fins de semana, pequenos grupos, ministério com jovens e serviço.

FASE 2 (de abril a maio de 2007)

- Levantamento por *e-mail* com 25 igrejas de diferentes regiões, tamanhos, etnias e formatos.

- Foram recebidos 15.977 levantamentos completos.
- Utilização de um conjunto refinado de questões com base na pesquisa da Fase 1

FASE 3 (de outubro a novembro de 2007, de janeiro a fevereiro de 2008)

- Levantamento por *e-mail* com 487 igrejas de diferentes regiões, tamanhos, etnias e formatos, incluindo 91 igrejas em 17 países.
- Foram recebidos 136.547 levantamentos completos.
- Utilização de um conjunto refinado de perguntas com base na Fase 2 da pesquisa.
  - — Levantamento ampliado para incluir vinte afirmações sobre convicções e práticas centrais do cristianismo extraídas do The Christian Life Profile Assessment Tool Training Kit [Kit de treinamento da ferramenta de avaliação do perfil de vida cristã].[1]
  - — Acréscimo das medidas de importância e satisfação para atributos específicos relacionados aos cultos nos fins de semana, pequenos grupos, ministério com crianças e com jovens, e experiências de serviço.

Processos e recursos analíticos

Cada fase da pesquisa incluiu um plano analítico conduzido por estatísticos e profissionais de pesquisa. Esses planos se valeram de muitas técnicas analíticas, incluindo análises de correlação, discriminação e regressão. Neste livro, as observações sobre a previsibilidade dos fatores espirituais (os indicativos) derivam em larga medida da análise

1 FRAZEE, Randy. **The Christian Life Profile Assessment Tool Training Kit**. Grand Rapids: Zondervan, 2005.

discriminante. Para colocar nossa abordagem em perspectiva, seguem três explicações sobre a natureza de nossa filosofia de pesquisa

1. Nossa pesquisa é o registro de um momento.

Pelo fato de esta pesquisa ter sido feita intencionalmente em um momento no tempo — como acontece no registro fotográfico — é impossível determinar com segurança que uma determinada variável, tal como reflexão nas Escrituras, distingue um segmento do outro (por exemplo, Crescendo em Cristo na comparação com Perto de Cristo). Para conseguir isso, teríamos de avaliar o desenvolvimento das mesmas pessoas no transcorrer de um período de tempo (pesquisa longitudinal).

Entretanto, o fato de níveis elevados de reflexão nas Escrituras ocorrerem no segmento Perto de Cristo, se comparados com o segmento Crescendo em Cristo, é uma sugestão enérgica de que a reflexão nas Escrituras de fato influencia o movimento espiritual entre estes segmentos (Movimento 2). Embora não seja uma determinação conclusiva que uma certa variável "causa" o movimento, a análise discriminante identifica os fatores que representam as características de maior diferenciação entre os dois segmentos. Assim, inferimos desses dados que determinados fatores são mais "indicativos" e, consequentemente, influenciam mais o crescimento espiritual.

Nosso objetivo último é medir as mesmas pessoas em diversos momentos diferentes (pesquisa longitudinal), a fim de compreender com mais clareza os efeitos causais do crescimento espiritual. Entretanto, mesmo conseguindo isso sabemos que ainda haverá muito que aprender, e há muitas coisas sobre a formação espiritual que nunca compreenderemos. As atitudes e os comportamentos que medimos hoje não devem ser interpretados equivocadamente como uma definição de formação espiritual. Em vez disso, devem ser consideradas como instrumentos usados pelo Espírito Santo para abrir nosso coração à sua obra.

2. O propósito desta pesquisa é prover ferramentas de diagnóstico para igrejas locais.

Nosso intuito é prover uma ferramenta de diagnóstico para as igrejas que seja equivalente à mais refinada ferramenta de pesquisa do mercado a uma fração do custo praticado no mercado. Isso é pesquisa "aplicada" em vez de pesquisa "básica", e isso significa que o intuito é dar *insight* aos líderes de igreja para que possam agir em vez de gerar dados das ciências sociais para publicação em periódicos científicos.

Em resumo, embora tenhamos a intenção de reforçar nosso banco de pesquisas com estudos longitudinais, optamos por tirar conclusões sobre previsibilidade (os indicativos) e a influência de atitudes e comportamentos espirituais apoiados em uma pesquisa pontual, avaliada por meio de uma análise discriminante. Esta abordagem satisfaz os mais rigorosos padrões de pesquisas de mercado que rotineiramente influenciam a tomada de decisões em algumas das mais respeitadas e bem-sucedidas organizações do país.

insights *para que os líderes de igreja possam agir*

3. *Pesquisa é uma arte* e também *uma ciência*

Embora os dados subjacentes a nossos achados sejam abrangentes e contundentes como ciência, também nos beneficiamos da arte dos especialistas cujo julgamento vem de anos de experiência. Os dois especialistas mais próximos deste trabalho somam quase cinquenta anos de projetos diversificados de pesquisa aplicada. Eric Arnson começou sua carreira na ciência quantitativa do consumidor na Proctor & Gamble, e nos últimos tempos se tornou o líder norte-americano de estratégia de marcas da McKinsey and Company. Terry Schweizer trabalhou vinte anos na maior organização do mundo de pesquisa do mercado personalizado, cuidando da filial de Chicago antes de contribuir em tempo integral nas fases finais de desenvolvimento do DESCUBRA. Eric e Terry colocaram na mesa *expertise* e julgamento em cada descoberta deste livro, o que nos deixa confiantes de que o componente arte de nossa pesquisa está bem assentado.

Uma observação a respeito dos cinco catalisadores mais importantes em cada movimento

Talvez você tenha notado que a ordem dos fatores mais importantes muda ligeiramente entre as quatro categorias independentes de catalisadores espirituais e as listas dos "cinco catalisadores mais importantes" nos Movimentos 1 e 2. Por exemplo, o gráfico 2-7 mostra que a reflexão nas Escrituras é a prática espiritual pessoal de maior influência em cada movimento. Mas, quando fazemos a lista dos cinco catalisadores mais importantes para os Movimentos 1 e 2 (gráficos 3-5 e 3-9), a oração parece ter mais influência do que a reflexão nas Escrituras. As discrepâncias aparentes decorrem da análise discriminante.

Os cinco catalisadores mais importantes foram determinados pela avaliação de todos os mais de cinquenta fatores espirituais feita por meio da lente discriminante, que às vezes calibra novamente o poder de previsão (os indicativos) de um fator versus outro. Isso acontece quando uma fração do poder indicativo de um fator é compartilhada por outro. Por exemplo, como já se observou, a reflexão nas Escrituras foi um indicativo mais forte do movimento espiritual do que a oração quando examinamos as práticas espirituais pessoais ao longo dos três movimentos. Entretanto, quando a reflexão nas Escrituras foi analisada com os mais de cinquenta catalisadores, seu nível de influência foi partilhado em alguma medida com outro fator, possivelmente partilhado com acreditar na salvação pela graça. Nesse caso, pelo fato de a análise discriminante procurar a melhor combinação dos cinco catalisadores mais importantes para explicar as diferenças entre os dois segmentos, é possível que a reflexão nas Escrituras tenha ficado em posição mais baixa do que a oração porque parte de seu poder de previsão se explica pelo fator salvação pela graça.

Confuso? Uma maneira de pensar nisso é pensar na pirâmide alimentar, que inclui os cinco grupos alimentares básicos: grãos, vegetais, frutas, laticínios e carnes. Pode-se em cada grupo colocar os alimentos mais nutritivos na ordem. Mas, quando se juntam todos os alimentos possíveis para encontrar o melhor programa alimentar para uma criança, é provável que nem todos os alimentos das posições mais altas entrarão na lista. Duas são as razões para isso. Em primeiro lugar, quando procuramos a melhor combinação de nutrientes, alguns alimentos serão mais necessários para uma criança do que outros; isso influencia a lista. Em segundo lugar, alguns desses alimentos terão vitaminas e nutrientes que outros alimentos também possuem, de modo que isso afeta quais grãos, vegetais e outros alimentos entram no melhor plano alimentar. Por isso, a melhor combinação de alimentos para uma criança não necessariamente incluirá os alimentos mais nutritivos de cada um dos grupos alimentares. A ordem de importância dos "melhores" alimentos também pode variar.

Isso é análogo aos esforços que fizemos para encontrar a melhor combinação de catalisadores espirituais para os três movimentos de crescimento espiritual. Enfim, despejar todos os catalisadores espirituais no balde da análise discriminante pode sacudir a ordem dos mais influentes (os cinco mais importantes) porque o poder de previsão (os indicativos) de todos os fatores têm de ser recalibrados um em relação ao outro.

Padrões de pesquisa

Em resumo, empregamos os padrões mais elevados de pesquisa disponíveis, incluindo um processo qualitativo robusto e três levas de levantamentos quantitativos com centenas de igrejas diferentes. Embora ainda haja muito que fazer, estamos confiantes de que os *insights* e achados em *Siga-me* refletem um nível extremamente alto de excelência na pesquisa.

Apêndice

3

QUAIS SÃO AS 200 IGREJAS PESQUISADAS?

Em agosto de 2007 oferecemos aos líderes presentes no Leadership Summit da Willow Creek Association[1] a oportunidade para que suas igrejas participassem, sem custos, na fase final do desenvolvimento da ferramenta Levantamento de Vida Espiritual DESCUBRA — um levantamento que os líderes de igreja poderiam usar para avaliar a saúde espiritual de suas congregações (para mais informações, veja o apêndice 4, "O que é o Levantamento de Vida Espiritual DESCUBRA?"). Aproximadamente 1.700 igrejas se candidataram para as quinhentas oportunidades, incluindo várias centenas de igrejas fora dos Estados Unidos. Lançamos o levantamento em duas levas: 200 igrejas entre outubro e novembro de 2007, e o restante entre janeiro e fevereiro de 2008. Os dados de *Siga-me* são fruto das 200 igrejas que participaram do levantamento feito entre outubro e novembro de 2007.

Nós nos esforçamos ao máximo para chegar a um equilíbrio demográfico entre diversas denominações.

Ao selecionar as 500 igrejas, nos esforçamos ao máximo para chegar a um equilíbrio entre diversos fatores demográficos, tais como localização geográfica, tamanho, denominação e

1 Aproximadamente 107 mil líderes de igreja, vindos de 32 países, participaram do *Leadership Summit* em 2007. Os líderes vindos dos Estados Unidos e do Canadá representavam 7.200 igrejas.

estilo.[2] Embora estivéssemos limitados pelos dados demográficos das 1.700 igrejas que se apresentaram para participar, estamos tranquilos que a amostra representa uma mescla diversificada de igrejas, modelos e formatos. O que segue é um panorama das 200 igrejas retratadas em *Siga-me*.

Localização geográfica e tamanho

Os gráfico A3-1 e A3-2 mostram a distribuição das 200 igrejas por localização geográfica e por tamanho (considerando-se a frequência nos fins de semana).

Entre as quatro regiões, três representam 90% das igrejas, e cada uma dessas regiões representa aproximadamente 1/3 da amostra. O Sul tem mais representação devido à influência do Texas e da Flórida, estados muito populosos. O Nordeste representa apenas 10% das igrejas.

2 Pedimos a todas as igrejas que se candidataram para as 500 oportunidades que selecionassem três palavras entre doze que melhor descreviam suas igrejas. Por exemplo: contemporânea, conservadora, mentalidade missionária, convidativa para o não cristão, multicultural, inovadora etc. "Estilo" refere-se às palavras escolhidas pelos líderes de igreja que melhor descreviam suas igrejas.

Gráfico A3-1

Localização geográfica das 200 igrejas

Região geográfica dos Estados Unidos	Área geográfica	Porcentagem das 200 igrejas que participaram do levantamento
Nordeste	New England	3%
	Meio Atlântico	7%
Meio-Oeste	Norte Central, lado Leste	18%
	Norte Central, lado Oeste	12%
Sul	Atlântico Sul	13%
	Sul Central, lado Leste	3%
	Sul Central, lado Leste	17%
Oeste	Montanhas	10%
	Pacífico	17%

novas percepções

A frequência nos fins de semana mostra uma distribuição bem equilibrada na amostra, com 14% nas duas categorias maiores (mais de 2.500) e 16% nas categorias menores (menos de 250). Temos consciência de que isso não necessariamente representa a distribuição nacional de todas as igrejas, já que uma porcentagem bem maior de todas as igrejas fica abaixo da faixa de 250. Mas, para os propósitos desta fase da pesquisa, tivemos menos preocupação em sermos representativos e mais preocupação em termos condições de testar a viabilidade de usar o levantamento em congregações de diversos tamanhos.

Gráfico A3-2

Frequência nos fins de semana das 200 igrejas

Frequência nos fins de semana (adultos)	Porcentagem das 200 igrejas no levantamento
Menos de 100	5%
100 – 249	11%
250 – 499	20%
500 – 999	29%
1.000 – 2.499	21%
2.500 – 4.999	10%
5.000 ou mais	4%

Denominações e estilos

A combinação de denominações e estilos foi influenciada pelo tipo de igreja com maior probabilidade de participar de um Leadership Summit da Willow Creek (gráficos A3-3 e A3-4).

Igrejas independentes e batistas representam mais de 50% das 200 igrejas, embora tenhamos atingido uma combinação considerável de outras denominações, como metodistas e luteranos. As descrições de estilo refletem as três palavras escolhidas por igreja participante como as que melhor a descrevem. *Contemporânea*, *evangelical* e *voltada para o não cristão* abriram caminho como as escolhas mais populares, embora seja importante esclarecer que uma grande porcentagem de igrejas não se descreveu como contemporânea, evangelical ou voltada para o não cristão. Um de nossos objetivos foi fazer uma mistura de igrejas com dados demográficos para que um modelo, tamanho ou geografia de igreja não dominasse os dados. É interessante anotar que a Igreja Willow Creek não foi incluída nesta fase da pesquisa.

Gráfico A3-3

Denominações representadas nas 200 igrejas

Denominação da igreja	Porcentagem das 200 igrejas no levantamento
Independentes	32%
Batista	21%
Metodista	9%
Presbiteriano / Reformado	8%
Assembleia de Deus / Igreja de Deus / Pentecostal	5%
Evangelical livre	5%
Luterano	4%
Outras	16%

Em resumo, a distribuição demográfica das 200 incluídas nos dados relatados em *Siga-me* nos deu uma grande oportunidade de testar a capacidade dessa ferramenta de levantamento em apresentar percepções válidas e valiosas a tipos de igreja bem diferentes. Esse era nosso objetivo principal, ou seja, nos certificarmos que teríamos condições de prover as mesmas vantagens para igrejas pequenas e estabelecidas nos centros, e também para igrejas grandes, independentes e estabelecidas em locais distantes. O objetivo secundário foi testar a validade dos dados coletados na pesquisa anterior (com cerca de trinta igrejas) comparando-os com este banco de dados, maior e mais diversificado, e também examiná-lo em busca de novas percepções. *Siga-me* descreve as novas percepções, concentradas especialmente nas descobertas a respeito dos catalisadores espirituais que mais influenciam o movimento ao longo da escalada espiritual. Quanto ao objetivo principal, estamos neste momento no processo de entregar relatórios individuais às 500 igrejas com os dados do levantamento que elas mesmas aplicaram. Dependendo do que disserem a este respeito, saberemos se conseguimos ou não atingir o objetivo mais importante deste banco de dados.

Gráfico A3-4

Estilos representados pelas 200 igrejas

Estilo da igreja*	Porcentagem das 200 igrejas no levantamento
Contemporâneo	70%
Evangelical	61%
Voltada ao não cristão	61%
Inovadora	45%
Visionária	41%
Voltada para missões	38%
Conservadora	18%
Multicultural	16%

* As respostas eram múltiplas. Cada igreja escolheu ate três palavras descritivas.

Apêndice

4

O QUE É O LEVANTAMENTO DE VIDA ESPIRITUAL DESCUBRA?

O Levantamento de Vida Espiritual DESCUBRA é uma maneira testada de definir o nível do crescimento espiritual em uma congregação e de acompanhá-lo. Vai além de medidas como frequência e contribuição financeira para determinar se uma igreja de fato está fazendo diferença quando ajuda as pessoas a se tornarem mais parecidas com Cristo. Esse levantamento — que é congregacional, *on-line* e anônimo — é fácil de entender, simples de aplicar e pode ser reaplicado para monitorar as mudanças. O banco de dados — com mais de 157 mil frequentadores vindos de mais de 500 igrejas, 20 denominações e 19 países — permite a comparação de seus resultados com o resultado obtido por outras igrejas.

Minha igreja deve usar esta ferramenta?

Quando se trata de crescimento espiritual, precisamos ter condições de medir o que não se vê. As igrejas que usam o Levantamento de Vida Espiritual DESCUBRA obtêm uma compreensão profunda sobre atitudes espirituais, motivações, comportamentos e satisfações dos membros da congregação. O levantamento permite que os líderes da igreja acompanhem ao longo do tempo o movimento de sua congregação em direção a

Cristo, para ver se os esforços ministeriais e os recursos alocados estão de fato contribuindo com a saúde mental do povo na igreja.

O que o Levantamento de Vida Espiritual DESCUBRA oferece?

- ***Três levantamentos num período de cinco anos:*** um levantamento que estabelece a linha de base, e dois levantamentos de acompanhamento. Estes podem ser conduzidos em qualquer época dentro do período de cinco anos.
- ***Relatório de diagnóstico da Vida Espiritual:*** serve de ponto de referência do perfil espiritual da sua igreja, que pode ser comparado com os resultados de quaisquer levantamentos anteriores e também com os resultados obtidos por outras igrejas no banco de dados DESCUBRA.
- ***Marketing de apoio*** para promover o Levantamento de Vida Espiritual DESCUBRA na sua congregação, incluindo um texto de amostra para impressão, *e-mail* para comunicação e outras ferramentas para aumentar a conscientização e a participação.

O que os pastores dizem a respeito do Levantamento de Vida Espiritual DESCUBRA

EM MAIO DE 2007 fizemos o levantamento com mais de trinta congregações em todo o território dos Estados Unidos. Cada igreja recebeu um relatório com detalhes daquilo que tínhamos descoberto sobre a congregação. Seguem as palavras dos pastores de umas poucas igrejas sobre o impacto que os resultados do levantamento exerceram em seu ministério.

Discovery Church

"Literalmente reinventamos a Discovery Church em virtude de nosso envolvimento com este projeto. Disse à liderança que evidentemente poderíamos usar os dados do levantamento para melhorar o que já estávamos fazendo, ou então poderíamos reinventar todo nosso ministério. Optamos pela via da reinvenção.

"Começamos mudando nossa declaração de missão. A declaração de missão anterior tinha servido bem a seus propósitos, mas à luz dos dados DESCUBRA, pensamos que era necessário comunicar melhor quais expectativas as pessoas poderiam ter a nosso respeito como igreja (nossa responsabilidade) e qual é a mudança bíblica para cada um dos cristãos (a responsabilidade dos cristãos). Nossa nova declaração de missão é: 'Fortalecendo sua busca por uma vida centrada em Cristo'. Estamos avaliando cada um dos ministérios, cada atividade ministerial, posição da equipe e dos funcionários à luz de nossa nova declaração de missão e estratégia. Temos um tipo de clareza, direção, eficiência e energia que não se compara com nada que tenhamos experimentado em anos".

David Loveless, pastor titular

Discovery Church, Orlando, Flórida

Faith Church

"Antes de DESCUBRA, acreditávamos que nossas práticas ministeriais eram congruentes com os principais dados da pesquisa. Depois que a congregação participou do levantamento, vemos novas maneiras de aguçar e afiar nossa visão e missão. Hoje sabemos ainda mais sobre o que facilita o movimento no coração das pessoas com base no local singular que ocupam na jornada espiritual. Queremos fortalecer as pessoas e dar-lhes apoio em cada um dos estágios, e prepará-las para uma responsabilidade sempre crescente sobre sua própria vida abundante em Cristo".

Bob Bouwer, pastor titular

Faith Church, Dyer, Indiana

Vineyard Community Church

"É extremamente difícil como líder descobrir a 'verdade' em uma organização. Talvez ainda mais numa igreja cujos líderes da equipe ministerial e dos voluntários podem ter receio de aparentar não ser muito 'eficientes no Reino' ou espirituais. Ou, como a maioria de nós, simplesmente temos pontos cegos em nossa liderança e ministérios.

"Os resultados no nosso levantamento trouxeram à tona fissuras existentes no desenvolvimento e na maturidade espirituais de nossa igreja. É um 'tônico da verdade' difícil de engolir, mas também houve aspectos luminosos. Durante anos suspeitamos que servir aos menos

O que os pastores dizem [...] (cont.)

favorecidos era um componente-chave do crescimento, especialmente para os cristãos maduros, e aplicamos muitos recursos nisso. Foi bom ver que os dados validaram essa necessidade.

"Todo ano nossa equipe de líderes determina as iniciativas estratégicas, e depois os responsáveis pelos ministérios elaboram os próprios objetivos e planos com base nessas iniciativas. É comum definirmos iniciativas com base nas necessidades percebidas e na intuição espiritual. Mas, até este momento, identificar as necessidades tem sido tarefa difícil. Os resultados do levantamento DESCUBRA nos deram as 'informações reais' e essenciais. Também usamos os dados como apoio na determinação dos assuntos que precisamos ensinar para tratar das lacunas espirituais que o levantamento identificou.

"Faça o levantamento DESCUBRA e descubra a verdade a respeito da sua igreja. Aperte os cintos".

David Workman, pastor titular

Vineyard Community Church

Cincinnati, Ohio

SOBRE OS AUTORES

Greg L. Hawkins

Greg L. Hawkins é pastor executivo da Igreja Willow Creek. Desde 1996 tem auxiliado Bill Hybels, pastor titular, a prover liderança estratégica para os cinco *campi* e para a Willow Creek Association. Também trabalha como líder de ponta para o DESCUBRA, uma nova iniciativa da WCA que utiliza ferramentas de pesquisa e descobertas para ajudar igrejas a entender melhor o crescimento espiritual de suas congregações. Antes de entrar para a equipe da Willow Creek em 1991, Greg foi por cinco anos consultor da McKinsey & Company. É formado em engenharia civil pela Universidade Texas A&M e obteve seu MBA pela Universidade Stanford. Greg e a esposa, Lynn, vivem em Chicago com os três filhos.

Cally Parkinson

Cally Parkinson administra a marca DESCUBRA, uma nova iniciativa da WCA que utiliza ferramentas de pesquisa e descobertas para ajudar igrejas a entender melhor o crescimento espiritual de suas congregações. Antes disso Cally trabalhou como diretora dos serviços de comunicação na Igreja Willow Creek, função que assumiu depois de uma carreira de 25 anos na Allstate Insurance Company. Na Allstate, trabalhou em diversas funções como diretora ou gerente em planejamento estratégico, pesquisa, finanças e comunicação. Cally é bacharel em Humanas pela

Universidade Depraw, com especialização em línguas, e tem mestrado pela American Graduate School of International Management. Cally e o marido, Rich, vivem em Chicago e têm dois filhos adultos.

Descubra:
onde você está?

Greg L. Hawkins & Cally Parkinson

Você está realmente fazendo diferença?
Como saber?

Você já acordou à noite pensando... Será que nossos programas ministeriais ajudam de fato no crescimento espiritual da igreja? Estamos investindo nossos recursos em ministérios que transformam vidas? Estamos ajudando os crentes a ser mais parecidos com Cristo, ou apenas os mantemos ocupados?

As descobertas reveladas neste livro constituem um desafio para você ou confirmam as suspeitas que você sempre teve. De qualquer forma, essas descobertas irão, sem dúvida, mudar sua maneira de pensar a respeito da igreja e sobre o que realmente ela precisa para fazer diferença.

Axiomas:
máximas da liderança corajosa

Bill Hybels

Uma carga enorme de sabedoria
em 76 provérbios

Em *Axiomas: máximas da liderança corajosa*, o autor Bill Hybels compartilha convicções que recebeu de Deus e que têm orientado sua estratégia de liderança há mais de três décadas como pastor sênior da Igreja Willow Creek. Orientado a partir de quatro categorias essenciais de liderança — a) visão e estratégia, b) trabalho em equipe e comunicação, c) atividade e compromisso e d) integridade pessoal —, *Axiomas* torna a sabedoria acessível à jornada de um líder, assim como o encoraja a definir claramente as razões pelas quais lidera como lidera.

Visão:
Força motriz da organização

ANDY STANLEY

A visão é a força motriz de toda organização. Ela deve permear a mente e o coração da equipe de tal modo que a criatividade do grupo se concentre em torno dessa visão e que todos trabalhem com entusiasmo. Juntos, sua equipe e você se esforçarão para transformá-la em realidade!

No entanto, para que isso aconteça, é preciso manter o foco na visão. Como líder, a responsabilidade é sua.

Andy Stanley, pastor e autor, mostra aos líderes por que a visão não se mantém no foco. E, por meio de exemplos marcantes e originais, apresenta cinco maneiras simples, mas poderosas, para que a visão do líder infiltre no coração, na mente e na vida de cada membro da equipe, levando sua organização adiante.

Quando a liderança e o discipulado entram em conflito

BILL HYBELS

O QUE FAZER QUANDO AS LEIS DA LIDERANÇA ENTRAM EM CONFLITO COM OS ENSINAMENTOS DE CRISTO?

A prática empresarial moderna e os estudos acadêmicos continuamente aprimoram as leis da liderança. Para ter sucesso, devemos, entre outras coisas, controlar o tempo, escolher uma boa equipe e evitar controvérsias desnecessárias. O que acontece, entretanto, quando as leis da liderança e as necessidades do discipulado entram em conflito?

Utilizando ilustrações de sua vida e ministério, Bill Hybels mostra que esse conflito existe e explica como as decisões que tomamos nesses momentos afetam não apenas a nossa vida, mas também o destino de nossa equipe.

Vida

Editora Vida
Rua Júlio de Castilhos, 280 Belenzinho
CEP 03059-000 São Paulo, SP
Tel.: 0 xx 11 2618 7000
Fax: 0 xx 11 2618 7044
www.editoravida.com.br

■

Todas as citações bíblicas e de terceiros foram adaptadas segundo o Acordo Ortográfico da Língua Portuguesa, assinado em 1990, em vigor desde janeiro de 2009.

Editor responsável: Sônia Freire Lula Almeida
Revisão: Equipe Vida
Assistente editorial: Alexandra Nascimento Resende
Diagramação: Claudia Fatel Lino
Capa (Adaptação): Claudia Fatel Lino

1. edição: out. 2009

Dados Internacionais de Catalogação na Publicação (CIP)
(Câmara Brasileira do Livro, SP, Brasil)

Hawkins, Greg L.
Siga-me: o que vem a seguir? / Greg L. Hawkins & Cally Parkinson; prefácio de John Ortberg; posfácio de Bill Hybels; tradução Marson Guedes. — São Paulo: Editora Vida, 2009.

Título original: *Follow me: what's next for you?*
ISBN 978-85-383-0137-0

1. Jesus Cristo — Ensinamentos 2. Jesus Cristo — Pessoa e missão 3. Vida cristã I. Parkinson, Cally. II. Ortberg, John. III. Hybels, Bill. IV. Título.

09-07544 CDD-232.954

Índice para catálogo sistemático:
1. Jesus Cristo : Ensinamentos : Cristologia 232.954

Esta obra foi composta em *Helvetica Condensed* e *Adobe Garamond Pro* e impressa por RR Donnelley sobre papel *Offset* 63 g/m² para Editora Vida.